Todo naufrágio é
também um lugar de chegada

Marco Severo

Todo naufrágio é também um lugar de chegada

2ª reimpressão

© Moinhos, 2019.
© Marco Severo, 2019.

Edição:
Camila Araujo & Nathan Matos

Assistente Editorial:
Sérgio Ricardo

Revisão:
LiteraturaBr Editorial

Diagramação e Projeto Gráfico:
LiteraturaBr Editorial

Capa:
Lily Oliveira
Nesta edição, respeitou-se o
Novo Acordo Ortográfico da Língua Portuguesa.

Dados Internacionais de Catalogação na Publicação (CIP) de acordo com ISBD

S498s
Severo, Marco
Todo naufrágio é também um lugar de chegada / Marco Severo.
Belo Horizonte, MG : Moinhos, 2019.
208 p. ; 14cm x 21cm.
ISBN: 978-85-92579-03-6
1. Literatura brasileira. I. Título.
2019-84
                              CDD 869.8992
                              CDU 821.134.3(81)

Elaborado por Vagner Rodolfo da Silva - CRB-8/9410

Índice para catálogo sistemático:
1. Literatura brasileira 869.8992
2. Literatura brasileira 821.134.3(81)

Todos os direitos desta edição reservados à
Editora Moinhos
editoramoinhos.com.br
contato@editoramoinhos.com.br

Sumário

Parte Um: *O declínio do Homo erectus*
Selvagem, 13
Meio Amargo, 17
Na casa do cordeiro o lobo anfitrião, 30
Cobrança, 54
Sem ela não dá, 59
Plantação abundante em terreno frágil, 67
Sítio arqueológico, 80
O museu errático das pequenas virtudes, 88
A linguagem dos versos, 97

Parte Dois: *A ascensão da fênix roubada*
O delicado valor do fim, 107
Abismo, 120
Enquanto meu pai não vem, 129
O jardim de pedras, 136
Litoral, 150
Perdendo o cabaço, 160
O que Abel tinha a ofertar e Caim a receber, 163
Carta para o ausente, 174
Sonhar com a luz através das ruínas, 182
Vai dar samba, 193
A contagem dos dias, 199

Este livro é para cinco professores:

Roberto Becco, que me ensinou a gostar de ler.
Ayla Kataoka, que me mostrou o caminho para os bons livros.
Camila Araujo, por ter me levado ao Mágico de Oz.
Marina Colasanti, que me ensinou a acreditar no que tenho a dizer.
Antonio Carlos Viana, pela generosidade.

Sempre lembrando:
Somos nós, os fraquinhos que não aguentam briga,
os de óculos, os cadeirantes, os que vivem com bem pouco.
Somos nós, a civilização.
Somos nós que inventamos a ajuda mútua e,
com ela, a linguagem.
E mais, somos nós que restamos depois das hecatombes.
Os fortões, os fodões, eles morrem. Por exemplo, os dinossauros.
Foram os pequenininhos, os que qualquer vento derruba,
os que ficaram até hoje cantando na árvore.

Elvira Vigna

Parte Um
O declínio do Homo erectus

Selvagem

Nas primeiras reuniões de condomínio eu e Amanda descobrimos que tínhamos um amor incondicional por literatura. Resolvemos dar início a um clube informal de leitura que se reunia a cada quinze dias para ler e conversar sobre o que havíamos lido. Claro que com as doze mulheres reunidas ora na casa de uma, ora na casa de outra, a literatura ficava em segundo plano e a gente passava a maior parte do tempo era falando da vida alheia, com a desculpa de que nos juntávamos para falar de livros.

Pouco tempo depois que os encontros começaram, eu já estava querendo *matar* a Amanda. Ela só abria a boca pra falar do Rodrigo, seu *filhinho* de doze anos. Em tudo o Rodrigo era perfeito. Se ia escovar os dentes, escovava tão bem que se esquecia do que estava fazendo (eu aposto que ele fazia isso com a torneira aberta o tempo todo), nunca tinha tido *uma* cárie. Em cada reunião, sabíamos em detalhes de outras perfeições do menino: entrava no quarto pra estudar e só saía quando tivesse terminado, recolhia numa caixa todos os brinquedos espalhados pelo chão do quarto e claro, nunca brigava com a irmãzinha. Como se um menino de doze anos fosse brigar com a irmã recém-nascida. Só se ele tivesse vocação pra Mogli, o menino-lobo, e tivesse sido criado numa selva.

Todas as vezes que eu ia na casa da Amanda com o meu filho, Lucas, que também tem doze anos mas é alguns meses mais novo que o dela, o menino podia estar comendo o que fosse, de um pacote de recheado a uma taça com salada de frutas, que nunca oferecia. Não se levantava do sofá pra pegar um copo d'água nem pra ele mesmo, que dirá pras visitas. Eu não sei onde a Amanda enxergava esse menino tão educado.

Aos poucos o clube foi minguando e das doze mulheres, dali a pouco só tínhamos eu e mais três; a Amanda no meio, óbvio. Ela ia bem perder a oportunidade de fazer nossos ouvidos de penico falando da perfeição que Deus colocou no mundo que era o filho dela? Nem pensar. Além do mais, eu fingia bem, não demonstrava nem com um arqueamento de sobrancelha o que realmente sentia com aquele falatório todo. Para todos os efeitos, éramos muito amigas.

Quando as férias escolares se aproximaram, num dia de clube, eu deixei as outras mulheres irem embora e falei para a Amanda, Eu estava pensando: o que você acha do Rodrigo passar uns dias na nossa casa de praia? Ia ser uma boa para o Lucas ter alguém além dos primos com quem brincar... Você acha mesmo que é uma boa, Sandra? Eu nem acho os nossos filhos muito chegados... Mas é justamente por isso que eu tive a ideia! Será uma excelente oportunidade para que eles se aproximem e para que o Lucas veja o menino maravilhoso que o Rodriguinho é. Sendo assim, acho que você tem razão. Vou conversar com ele e com o pai dele e mais tarde te dou uma resposta.

Eu não tinha nem dúvidas que o Rodrigo iria. Ele já tinha ido na nossa casa de praia uma vez, e tinha adorado. Se tinha um menino pra gostar de mar e sol, era aquele. Além do mais, a casa era enorme, tinha piscina com trampolim (de onde os meninos adoravam ficar se jogando) e ficava num lugar privilegiado, o que era uma soma de tentações. E como ele conseguia dos pais tudo o que queria, era causa ganha.

Como Amanda e o marido não estavam de férias, todos os dias ela ligava para saber como estavam as coisas por lá, e aproveitava para falar de como o filho era obediente em locais que não conhecia muito bem, que só comia o que lhe davam, seguia regras e horários à risca e tudo o mais. Foi então que eu tive um clique para algo que já vinha passando pela minha cabeça.

Na noite seguinte fiz um sanduíche extra pra cada um e coloquei as crianças para dormir mais cedo. Era folga do caseiro, e eu arranjei um motivo pro meu marido ir ao supermercado e à farmácia, que ficavam quase na entrada da cidade, comprar umas coisas que a gente estava precisando. Eu queria ficar sozinha.

Fui até a piscina e esvaziei boa parte do lado fundo, onde ficava o trampolim regulável, que eu elevei mais de um metro. Deixei água o suficiente para as crianças ainda quererem ir lá. Na manhã seguinte, quando acordaram, eu estava dentro da piscina, de joelhos, para eles não desconfiarem de nada. Assim que avistei meu filho, saí da água e fui até ele. Fique longe da piscina hoje. Ele me perguntou por quê. Eu disse que o seu Geraldo iria fazer uma limpeza nela, e que eu havia entrado só pra ver como estava a sujeira. Disse isso pra evitar que ele me fizesse perguntas, pré-adolescente é uma praga. Aproveitei e coloquei um remedinho no suco dele, pra ele cair no sono depois do almoço.

Era chegada a hora de ver se o Rodriguinho era mesmo um menino tão obediente e seguidor de regras.

Com Lucas dormindo como quem espera um beijo para ser acordado, coloquei meu biquíni e chamei Rodrigo para a piscina. Ele não pensou nem meia vez. Falei para ele entrar com cuidado, a água estava quente àquela hora. Assim ele fez. Ele brincou, mergulhou um pouco, e antes que a brincadeira solitária começasse a entediá-lo, eu soltei para ele, Rodriguinho, agora eu quero ver você dando um pulo daqueles que só você sabe dar dentro da piscina, ok? Ele sorriu, sem desconfiar de nada, coitado.

Subiu os degraus numa obediência canina, olhou para a piscina e saltou de cabeça. Teve um afundamento lateral do crânio e perdeu vários dentes. Como minha amiga Amanda está sem condições emocionais, sou eu quem fico com ele no hospital, velando por ele para o caso de ser necessário chamar um médico ou uma enfermeira. A família entende que foi uma fatalidade, e me agradece todos os dias por eu deixar de estar com o meu próprio filho para estar com um filho que não é meu. Eu apenas sorrio, e digo que não faço mais do que minha obrigação. Pensei em dizer também que me sentia culpada pelo que havia ocorrido, mas não disse, isso podia dar ideias aos familiares.

Dizem que, se ele escapar, vai ficar com problemas neurológicos terríveis.

Meio Amargo

Como sua mesada era curta e os desejos tinham asas a bater no infinito, Lázaro aproximou-se mais uma vez da mesa caótica onde seu pai mantinha de tudo, e abismou-se com o que viu: um bolo de dinheiro, com as cédulas fortemente espremidas umas às outras presas por uma liga de borracha.

Ele tinha certeza de que era muito mais dinheiro do que já tinha visto ali. Quando ficou de ponta de pé e seus olhos conseguiram percorrer todo o caos da mesa da sala de jantar, pôde ver também outros amontoados de cédulas, que sua baixa estatura e a mesa alta não o deixaram ver antes. Lázaro tinha o hábito de, vez por outra, pegar algumas moedas deixadas sobre a mesa, algum dinheiro em papel, eventualmente. Seus pais já haviam chamado sua atenção para o fato, inclusive com castigos, e ele sabia que corria riscos. Sua tenra idade não o tornava ingênuo a esse ponto.

O desejo daquele dia eram chocolates. Muitos chocolates, de todos os tipos, branco, preto, aquele outro mais preto ainda; com crocante, com flocos de arroz, com coisa melada dentro. E ele só conseguia enxergar uma forma de obtê-los, já que o que recebera da mesada tinha sido gasto em livros; na verdade, num livro só, porque ele era tão bom cliente da livraria que tinha perto de sua casa que as atendentes o deixavam levar fiado, para que ele pagasse com a mesada do mês seguinte. Então, ele pagou o livro do mês anterior e levou um outro, de modo que, agora, estava sem nada. E porque ainda não aprendera a segurar seus impulsos, algo que levaria muitos anos mais para fazer, pegou um daqueles muitos volumes de dinheiro e prendeu junto ao elástico do short que usava. Não era tão ingênuo para não compreender que poderia ser castigado, mas era tolo o suficiente para achar que ninguém perceberia, como ficou muito claro pouco tempo depois.

    Foi até o quarto onde a mãe estava e anunciou, Mãe, estou indo brincar com o André! Era um sábado, ele jamais esqueceria o dia da semana; dia este que passou a odiar a partir daquele, e que odiaria por muitos anos mais até a idade adulta, quando o descanso de uma semana árdua de trabalho o fez esquecer a dor que aquele dia lhe trazia à memória. Mas, naquele momento, ele ainda não tinha como saber disso. Já almoçou?, perguntou a mãe, sua voz saindo do banheiro e atravessando o quarto até a porta, onde Lázaro se encontrava. Já, mãe, almocei foi cedo!, gritou o menino, a voz estridente e muito clara. A mãe, entretanto, tinha razão. Sabia que o filho poderia ficar horas perdido no videogame, esquecendo-se de coisas básicas, como tomar água, tomar banho, escovar os dentes, se alimentar. Mas seu casamento andava passando por dificuldades, e como uma forma de compensar o filho, ela deixava o menino na frente da tela horas a fio aos finais de semana. Selma não tinha coragem de divorciar-se do marido, que tinha amantes em várias cidades vizinhas e cuja relação com as garrafas de uísque estava se tornando mais sólida com o passar dos meses. Em anos que ainda estavam por vir, ela saberia que tanta permissividade, fosse com o filho ou com o marido, teria um preço: com o primeiro, um distanciamento emocional irrecuperável; com o último, um divórcio inevitável e uma doença da qual ela não poderia mais se livrar.

Naquele momento, entretanto, nada disso passava pela cabeça dela. Tanto que, ainda que preocupada com a possibilidade de ver Lázaro brincando na rua com o filho delinquente da vizinha, uma senhora confinada a uma cadeira de rodas que deixava seu filho solto na rua a qualquer hora do dia ou da noite, nunca tivera notícia de nenhuma tragédia. Ademais, era ali, na rua, quase na frente da sua própria casa; qualquer coisa o menino poderia vir correndo para dentro, se estivesse chateado, caso se sentisse ameaçado ou não quisesse mais brincar. E hoje era sábado, afinal; o pequeno Lázaro merecia usufruir da aguardada liberdade de fim de semana.

Com a saída consentida, o garoto pegou o caminho do portão rumo à mercearia de seu Fernando, sobrinho de dona Osvaldina, mãe de André, que morava na casa ao lado e abrira um mercadinho onde os meninos do bairro e as donas de casa poderiam encontrar itens para saciar a vontade ou a necessidade, em tempos em que não existiam tantos supermercados espalhados em toda parte, praticamente decretando o fim das pequenas vendas de bairro; quando muito, relegando-os às periferias das grandes cidades.

Mas Lázaro não queria nem saber do André. Era um rapaz esperto, e por mais sonhador que fosse, conseguia farejar na figura alourada daquele moleque o cheiro forte do perigo. André era maior e mais alto do que ele, e por viver na rua, era curtido pela sabedoria que só se encontra nela, algo completamente diferente do seu mundo de livros e brincadeiras de escola, um mundo mais controlado e com menos riscos; possivelmente tão imperdível e sedutor quanto a rua parecia ser para André, mas que não lhe proporcionava o aprendizado das mesmas manhas. André era conhecido pelas brincadeiras violentas, por maltratar animais e colocar bombinhas rasga-lata dentro de vidros e jogá-las por cima dos muros dos vizinhos. Sabe-se lá o que seria capaz de fazer com ele. Assim, Lázaro evitava aquele garoto sempre que podia, embora brincasse com ele quando todas as crianças da vizinhança se juntavam na mesma brincadeira. E isso vinha acontecendo com frequência maior desde que seus pais começaram a brigar violentamente dentro de casa. Nem o refúgio dos seus livros adiantava mais. O barulho que faziam era tão destituído de afeto que ele não conseguia se concentrar na leitura. Isso quando a briga deles não acabava num grito, chamando por ele ou pela irmã, quando um dos pais se usaria deles para fazer sua defesa perante o que quer que estivesse sendo discutido por eles no momento, fazendo-os cair de cabeça numa confusão que, definitivamente, não era deles. Assim, o jeito era deixar o livro de lado e sair para as brincadeiras de rua. Pelo menos ele sabia onde encontrar a felicidade de um instante, que é sempre a maior das felicidades.

 Ao chegar ao mercadinho, olhou embevecido para tanta coisa gostosa ao seu redor. Balas e chocolates nas prateleiras, uns fardos de salgadinhos de milho pendurados no teto, como um cacho de uvas a tentar a raposa – ou como a corda a tentar o suicida – balançando ao sabor de uma breve porém constante brisa. Aquilo era o mais próximo de tesão que Lázaro já sentira em seus poucos anos de vida, e para ele, era um jorro benfazejo de alegria e vicissitude, uma vez que o fazia deixar tudo o que vivia em casa momentaneamente para trás, num limbo, ao qual ele não pertencia, ou sentia que não deveria – não merecia – pertencer. Por culpa dos pais, Lázaro de repente se via metido numa guerra que não era dele, e abrir a boca durante as trocas de fogo era a certeza de que perderia alguns dentes.

Equilibrando-se entre o desejo do corpo – a boca já salivava – e o amortecimento das suas dores da alma diante da enormidade do prazer, Lázaro foi adiante e escolheu várias guloseimas, que foi colocando sobre o balcão. Ele ia às prateleiras, depois corria para o balcão, onde depositava o que queria levar, em seguida ia novamente à prateleira onde estivera segundos antes para ver se não havia esquecido nada; quando era este o caso, seus olhos e suas mãos partiam para outro lugar, onde pegava mais coisas, num ir e vir sem fim. O dono do mercadinho apenas olhava aquele movimento, divertido. Até que num determinado momento, ele segurou a pequena mão de Lázaro, e com um meio sorriso, perguntou: Como você vai pagar por tudo isso? Ao que o garoto respondeu, Eu tenho dinheiro. E teus pais andam te dando tanto dinheiro assim? Porque isso vai custar uma nota, filho, avisou o comerciante. Lázaro fez pela primeira vez, então, um gesto que repetiria por quase toda a sua vida: checou, dando duas batidinhas com a mão direita, para saber se o dinheiro estava onde ele o havia colocado. Soltou um "ufa" mentalmente ao sentir o volume do dinheiro preso por uma liga. Retirou o aglomerado de cédulas e mostrou para seu Fernando, que ergueu os olhos como se estivesse diante de um inacreditável oásis. E por acaso este dinheiro é seu?, quis saber. O menino não titubeou, Mais de um ano juntando a minha mesada, agora eu gasto como eu quiser! A resposta pareceu satisfazer o dono do lugar, que calculou o valor numa pequena calculadora que mantinha dentro da caixa registradora, retirou do montante o dinheiro que pagaria pelas compras do garoto, entregou o resto a ele e colocou todos os chocolates e o que mais tivesse misturado a eles dentro de uma sacola grande, que entregou ao pequeno Lázaro para que ele a agarrasse.

Já passava das três e meia da tarde quando ele deu as costas e se encaminhou para casa. Estava um calor de derreter pedra de mármore, e ele estava com muita sede; mesmo assim, pegou um chocolate de dentro da sacola, retirou da embalagem e colocou na boca. Por um instante, a vida era saborosa e melíflua, ele não tinha problemas, não sabia mais o que era apanhar, nem levar sermão, nem assumir a culpa de coisas que a irmã fazia, nem preocupar-se com as notas de matemática da escola. Tudo no mundo era beleza e bondade. Sua felicidade era tanta, que ao sentir o sabor do bombom se desfazendo em sua boca, parou por alguns segundos na calçada. Queria concentrar todo o seu corpo naquele instante de prazer. E sentiu. Sentiu o sabor do chocolate misturando-se à crocância de uma casquinha que envolvia uma outra pasta doce, feita de castanha de caju, que se combinavam perfeitamente numa massa amorfa que era o mais puro e pleno prazer. Engoliu tudo e continuou seu caminho rumo ao portão de sua casa, poucos metros adiante.

Ao entrar, já com outro chocolate na boca, sua mãe se aproximou dele e disse, Lázaro Viveiros, você pegou um dinheiro que estava em cima da mesa? Foi assim, à queima-roupa. Dois segundos antes, ele já sabia que teria problemas. Sua mãe só o chamava pelo nome e sobrenome quando ia brigar. E de briga ela entendia.

Como era sábado e o pai estava em casa, não tinha muito como tentar engabelar a mãe e amansá-la até a hora do pai chegar; então, a única saída que ele conseguiu enxergar foi dizer com força e veemência, Não, mãe, não peguei nada! E como você justifica essa quantidade de porcarias que trouxe da rua? Com que dinheiro, Lázaro? Vamos, me diz, com que dinheiro? Lázaro, você continua pegando o que não é seu, não é? A essa altura, seus olhos já estavam cheios de água e sua mente completamente confusa, e por não ter entendido direito ao que a mãe se referia, disse, Eu não roubei esse chocolate de ninguém não, mãe, eu ganhei. Selma fez uma cara de ceticismo que só ela sabia, esticando os lábios e espremendo os olhos, como se fosse dar uma risadinha, quando na verdade, era uma questão de segundos até ela fazer uso de um artifício que usava bem, a ironia. Quer dizer então que você ganhou isso tudo aqui, rapazinho?, disse, apontando para a sacola que já tinha tirado das mãos do filho. Até onde eu saiba você saiu daqui pra brincar com o André, não foi? De quem era o aniversário? Aliás, pelo visto, nessa festa quem estava ganhando presente eram os convidados, não é?

Lázaro baixou a cabeça. Não tinha mais o que dizer. Sabia que tinha sido pego numa mentira, era melhor ficar calado. Pior do que a gritaria de que a mãe era capaz de fazer, somente a fúria desmesurada do pai, que deveria estar no quintal ou no jardim da frente da casa, para não ter aparecido ali até agora. Olhe, Lázaro, eu vou agora mesmo com você pro lugar de onde eu acho que veio esse monte de porcaria. Se minha suspeita se confirmar, você vai ver só.

"Você vai ver só" significava, em poucas palavras, "seu pai vai ficar sabendo", e aí era um Deus nos acuda. Na certa ele ia ter que ficar de joelho sobre o milho novamente, e com a coluna ereta, que era pra sofrer mais. Neste caso, se a empregada estivesse por perto, ela sempre dizia para o pai de Lázaro que ele podia ficar sossegado, que ela ia ficar de olho, e assim que ele saía, ela dizia para o menino se sentar, até que o pai viesse novamente, quando, com um gesto de olho, ele retomava a posição de castigo e a cara de sofrimento. Mas dependendo do humor do pai, o castigo também poderia ser levar muitas palmadas nas mãos, o que podia doer mais ou menos, a depender do tamanho da raiva do pai, mas pelo menos era rápido e ele ia para o quarto chorar no travesseiro, porque não chorava na frente do pai nunca, aguentava a dor estoica e impassivelmente.

A mãe o puxou pela mão e o levou até o mercadinho do seu Fernando. Além de tudo, ele seria humilhado na frente de todo mundo, e aquilo serviria de mote para gracinhas a semana inteira com os colegas de brincadeiras da rua. Ainda bem que ele não havia feito suas compras na cantina do colégio, porque senão, era provável que toda a escola passasse a semana zoando com ele. Pensou em silêncio que ainda bem que ele havia escolhido dentre os males, o menor.

Resignado, chegou com a mãe até onde estava seu Fernando. Imediatamente, ela vociferou, Estas coisas foram compradas aqui, seu Fernando? Lázaro olhava para o chão; Fernando, para os olhos de Selma. Foram, sim, disse no tom de voz tranquilo que lhe era peculiar. O senhor não desconfiou que uma criança dessa idade não teria dinheiro próprio para gastar tanto, seu Fernando? O senhor é ingênuo, irresponsável ou agiu de má-fé? Ele respirou fundo, ergueu a mão para a cliente que estava no caixa esperando para passar um quilo de açúcar e outro de farinha, pedindo para ela aguardar um instantinho, e disse, Dona Selma, eu perguntei de onde vinha o dinheiro, ele me disse que era da mesada. Eu confiei na criação que a senhora e seu esposo dão a ele para que ele não me viesse com mentiras, e fiz a venda. Mas não se preocupe, eu devolvo o dinheiro. Eu não quero que o senhor devolva nada, seu Fernando, eu é que quero devolver este monte de doce, disse, pegando a sacola de cabeça para baixo e esvaziando-a no balcão diante do caixa. Quanto ao dinheiro, pode deixar que eu me resolvo com meu filho! E, num ato de extrema ebriedade, baixou as calças de Lázaro na frente de todo mundo, fazendo com que o resto do dinheiro, preso ao elástico do calção, fosse ao chão. Lázaro começou a chorar, porque sua cueca também foi arriada junto com o calção. Engula o choro e vamos pra casa, a mãe disse sem olhar para ele e dando-lhe um aperto na mão.

O menino apenas balançava a cabeça vigorosamente, porque sabia o que lhe esperava por lá.

Na volta, Lázaro sabia que não havia muito o que fazer. Pediu interseção aos santos. *Minha Nossa Senhora*, pediu em silêncio, enquanto era levado pela mão firme da mãe, *não deixa meu pai me dar uma surra muito grande*. Nossa Senhora não seria de muita ajuda àquele dia. Lázaro também tentou se lembrar de outros santos que ouvia a vó falar, mas não sabia do poder deles nessa causa, então, ficou só na Nossa Senhora mesmo. Só disse o nome de outros quando já era tarde demais até para um milagre.

Selma abriu a porta da casa e foi logo gritando o nome do pai do menino. Alberto, venha cá pra eu lhe contar o que o Lázaro andou aprontando! Ele pegou um dos pagamentos do pessoal do posto, o ladrãozinho! Selma e o marido eram donos de um posto de gasolina. Ela ficava responsável pela parte de contabilidade da empresa, enquanto o marido gerenciava o local, para onde ia, todos os dias, depois de trabalhar outros dois turnos numa estatal. De onde ele estava, gritou para a esposa, O que foi, Selma? Ela olhou para o filho, que baixou automaticamente o olhar. Alberto veio do quintal, pelo corredor lateral da casa, bateu as mãos no short para limpar a areia e abriu o portão.

Uma das duas empregadas da casa, Helena, saiu do seu quarto e foi para a cozinha, lavar louça bem lentamente. Ela era completamente alucinada pelo menino, e talvez inconscientemente, queria ver se sua presença por ali intimidaria de alguma forma a atitude que ela sabia que viria a seguir, porque já tinha visto incontáveis vezes. E sabê-lo dava-lhe um amargo na boca. A irmã de Lázaro estava em seu quarto, e por lá ficou. Não sabia exatamente o que estava se formando na sala, mas sabia que, o que quer que fosse, podia acabar sobrando para ela, como às vezes acontecia. Melhor não.

Selma narrou todo o acontecido para o marido. Faça alguma coisa, Alberto! Esse menino não pode continuar desse jeito! Era sempre essa a exigência. *Ele* tinha que fazer alguma coisa, sempre ele. Este pensamento ainda lhe passou pela cabeça, mas com a mulher ali, azucrinando seu juízo, era sempre difícil pensar com clareza. Já perdera as contas de quantas vezes havia ido ao quarto dos meninos, acordá-los, para castigá-los por coisas das quais só ficava sabendo quando chegava em casa, depois do seu terceiro turno de trabalho, com a mulher a demandar atitudes. Muitos anos se passariam até que ele pudesse compreender que agia movido pelo turbilhão de exigências da mulher, sempre querendo que ele punisse as crianças por tudo. Junto com essa compreensão, viria uma outra: a de que todo esse amálgama de turbulências fez com que seus filhos se mantivessem distantes dele. Uma forma de se autopreservarem. E esse sentimento permaneceu vida adulta afora. Não é que não tivesse havido, da parte dos filhos para o pai, alguma espécie de perdão. É que talvez já fosse tarde demais para reconstruir a ponte implodida que ligaria os afetos. Naquele instante, porém, suas preocupações eram mais imediatas.

Olhe bem pra mim, Lázaro, disse, erguendo firmemente com o dedo indicador e o polegar o queixo da criança. Você quer crescer e se tornar um homem que faz por onde merecer ir para a cadeia? É isso que você quer? Eu já estou cansado de ver você sumindo com dinheiro aqui em casa, Lázaro. *Cansado*! E, enquanto dizia essas palavras, ia retirando o cinto que usava. Se você quer virar um bosta de um ladrão, vire, mas não enquanto quem mandar nessa casa for eu!

Alberto pegou Lázaro pelo braço e o sacudiu com força. O menino estremeceu, nunca vira tanta fúria nos olhos do pai. Com a mão livre, Alberto pegou o cinto e bateu nas costas do filho. Em seguida, de novo, e de novo. Lázaro tentou correr para o quarto dos pais, onde sabia que a mãe estava, agora. Ela sempre fugia para um lugar onde não pudesse ver o marido batendo nos filhos. O pai o pegou e jogou-o com força sobre a cama. Pegou a chinela de um dos pés e começou a bater no menino. Selma nada fez, a não ser a cara de sofrimento que lhe era peculiar. Horas depois, ela veria marcas da chinela no ombro, nas pernas, na testa, nos lábios. Você pensa que vai ficar impune, seu merda? Pensa?, dizia Alberto, berrando, cheio de ódio.

A mãe começou a chorar. Chega, Alberto, chega, disse, timidamente. Chega o caralho, esse menino precisa apanhar pra aprender! Era um homem transtornado, desfigurado pela ira. Do cansaço, do trabalho, das cobranças dentro e fora de casa, das cobranças da sua própria miséria. Tudo aflorava ali, em cima das pancadas no seu filho.

A porta do quarto se abriu. Era Rafaela, a irmã do Lázaro. Antes que ela pudesse dizer qualquer coisa, levou as duas mãos ao rosto, num gesto de incredulidade. Todo o corpo do irmão estava vermelho de tanto apanhar. Do nariz, descia uma coriza em direção aos lábios. Ela percebeu que o irmão já estava cheio de marcas inequívocas da violência. Lacerações, ronchas, e o pai lá, berrando em cima do menino, que agora rolava pela cama, para que as pancadas não se concentrassem num só lugar. O pai usava o cinto, a chinela com solado de couro, as mãos. Parecia ter prazer com o ato. Em pensamento, Lázaro lembrou-se de outros santos, e pedia para eles que não deixassem seu pai matá-lo. Ainda era, naqueles tempos, uma pessoa de alguma fé, muito por causa da avó paterna e dos pais, que o obrigavam a ir à igreja aos domingos. Não demoraria muito até que ele ousasse confrontá-los e deixasse a fé cega de lado para ter a sua própria relação com o divino e tentar viver em paz com seus próprios questionamentos. Ali, porém, esse movimento ainda era uma transição. A atitude do pai já havia tomado tamanha proporção que ele não conseguia sequer distinguir o que estava ao seu redor. Os gritos do pai, as lágrimas, o absurdo daquilo tudo, causavam-lhe uma confusão mental que por vezes ele achava que ia desfalecer.

Foi quando Rafaela olhou para a mãe e começou a chorar violentamente. Mãe, o pai vai matar meu irmão... – disse de forma sôfrega. Selma saiu de seu transe de inércia e correu para a filha, aos gritos de Pare, pare, Alberto! Você vai matar o Lázaro! Abraçadas, mãe e filha, que jamais seriam amigas na fase adulta da vida, porque Rafaela nunca conseguiria se desimpregnar dos traumas das inúmeras formas de violência contidas naquela casa, uniam-se para retirar o menino do ensandecimento ilimitado do pai. Alberto, pare com isto *agora*! A força na palavra, ou o sentimento de cansaço, foi o que fez aquele episódio cessar.

Lázaro, semivivo, coberto de sangue e marcas, permaneceu onde estava, e como estava: de olhos fechados. Selma acorreu o filho, que permanecia imóvel, e que foi colocado no colo sem resistência, como se não tivesse uma coluna vertebral.

O menino foi levado a um hospital. Passou dois dias internado em observação, e muitos dias sem poder ir à escola, até que estivesse novamente caminhando bem e sem manchas pelo corpo. Quase perdeu aquele ano escolar. Naquele tempo, a escola não faria à família perguntas tão diretas sobre o que havia acontecido, mas as outras crianças seriam impiedosas, e logo o falatório seria inclemente. Lázaro precisava voltar à vida, e não à masmorra.

Quando voltou, não era mais o mesmo. A criança havia dado lugar a um homem arrasado por caminhos errados tomados na vida. O dele fora, e ele sabia, o de ter nascido naquela família, e de nunca compreender o que tanto teriam feito, ele e a irmã, para serem merecedores de dois pais que se odiavam tanto entre si, e a eles próprios, como ficava claro, agora.

Para sempre toda a família iria se lembrar daquele dia, que tornou-se algo muito pouco comentado ao longo das décadas seguintes. Mas na impossibilidade de fazê-lo desacontecer, iam vivendo suas vidas, a certos tempos bem, a certos tempos mal, deixando de existir uns para os outros. Tempos depois, Lázaro e a irmã se uniriam, e viveriam, eles próprios, a relação do possível, de duas pessoas que voltaram para casa após terem visto e vivido demais numa guerra. Às suas maneiras, eram sim, sobreviventes. Terem vindo ao mundo com uma alma de imensa ternura, conquanto fizesse deles pessoas por demais sensíveis, também os tornava mais vulneráveis ao sentir. E cada qual reagia ao mundo da sua própria maneira dolorida, para sempre dolorida.

Haviam vivido coisas demais, e agora já não havia mais volta.

Na casa do cordeiro, o lobo anfitrião

Desde que consegui minha carteira de motorista que dou carona nas estradas quando viajo. Na cidade não, nunca. Não dá tempo, é todo mundo correndo daquele jeito louco, como galinha morta em terreiro quando leva aquele último puxão no pescoço. Todo mundo corre, nos dias de hoje. O trânsito lá, nada se mexe, não passa um mosquito no meio daquele inferno de carros, mas dentro das cabeças de cada um, tá todo mundo correndo, pensando na fila do banco que vai ter de pegar, no filho que tem que ir buscar no colégio, na natação, no basquete, no curso de inglês, na vida que tem de viver – sempre pra ontem. Sem contar que é muito perigoso. Não dá pra confiar na cabeça de gente que não para, que não consegue admirar a beleza de um instante. Gente desse mundo moderno age por impulso; quando você menos espera, é uma mão na cara que leva, é um grito no pé do ouvido, é um motorista passando por cima de ciclistas de propósito. Quem age assim sempre faz merda. Eu que não vou colocar gente desse naipe no meu carro. Depois eu me fodo e aí, adiantou do que querer dar uma de pretenso bom moço? Deus me livre.

A estrada também oferece perigo, claro. Mas tem alguma coisa em mim que me autoriza a fazer isso. Eu olho pra pessoa que estende o braço e já sei de cara se devo ou não abrir a porta do meu carro. Às vezes, também, vejo uma pessoa caminhando rumo ao horizonte, nada à vista, e eu mesmo paro e ofereço carona. Aí ocorre o contrário: é a pessoa que, olhando nos meus olhos, faz a leitura do risco que corre ou não, e decide se fica do lado de dentro ou do de fora. Geralmente entram. Talvez porque eu nunca use óculos escuros. Deixo a carona em potencial me ver bem, sem subterfúgios.

Se já corri perigo? Sim, já. Teve um cara que me pediu pra mudar de caminho, pra deixá-lo mais perto ainda do que eu poderia. Eu disse que não dava, que iria deixá-lo onde havia dito e de lá ele tentasse pegar outra carona. Ele ficou enfurecido, quis segurar no meu braço, quis falar grosso, disse que eu era um imbecil, que não entendia a situação dele. Pra ele, bastaram dois tiros na altura da barriga. Abri a porta do carro e deixei aquele saco de batatas no acostamento, como um cachorro atropelado. Era um andarilho filho da puta, mesmo. Um ganho para o mundo.

De vez em quando viajo só por viajar. Minha mulher morreu há um ano, junto com meu filho. De lá pra cá, sempre que dá na telha, pego a estrada no final de semana. Já mencionei também que adoro dirigir?

Comecei cedo. Com 14 anos eu vivia numa fazenda com meus avós. Eu havia largado a escola, nunca tive saco pra ficar em sala de aula com aquele monte de animais fazendo barulho, tirando o juízo daquelas professoras fudidaças, que não tinham dinheiro nem pra comprar um perfume. De onde é que o diretor e os pais achavam que aquelas pobres-
-coitadas iam ter saco pra educar alguém? Se duvidar, iam

trabalhar e deixavam os próprios filhos na rua, ou na casa das vizinhas. Quem se vê numa situação dessas por acaso tem condição de dar um rumo à vida de quem quer que seja? Ninguém em estado de submissão consegue agir com um mínimo de dignidade, escute o que eu tô dizendo. E foi por isso que eu larguei aquela bosta. Eu ficava quieto no meu canto, vendo aquela algazarra toda, a professora mirrada, acuada, com medo de levar uma cadeira na cabeça. De vez em quando gritava, gritava. Aí vinha alguém da direção e dava um esculacho em todo mundo, a coisa se acalmava, mas dali a dez minutos começava tudo de novo.

Eu tinha mais o que fazer da vida.

Cheguei pro meu avô e falei, Já deu, não vou mais pra escola.

Ele entrou em casa calado, minha avó estava na cozinha, como sempre. Naquele tempo mulher só servia pra isso. Ou isso ou ficar remendando pedaços de roupa em cima de uma máquina de costura que mais parecia um equipamento de tortura. Até o barulho daquilo era de doer a espinha. Ainda lembro da minha avó ajeitando os óculos na cara, enfiava a linha pelo buraco da agulha, ajustava naquele trambolho e empurrava o pé num negócio que fazia um barulho tão alto que eu sentia o ar tremer. Eu saía de perto, minha memória não me deixa inventar.

Julieta, o Arnoldo disse que não quer mais ir pra escola, meu avô foi logo dizendo, assim que avistou minha avó num canto da cozinha. Ela levantou a vista e falou, Pois amanhã mesmo ele começa no roçado.

Meu avô, que era conhecido como um homem durão, mas que levava em consideração tudo que minha vó dizia, me pegou pelo braço e me levou até o lado de fora da casa. Tá vendo isso tudo aí fora, esse terrenão a perder de vista?

Pois é aí que ficam minhas vacas e minha plantação de batata. Eu não sou rico, não quero ser rico, mas você ouviu sua vó. Amanhã mesmo, cinco horas, quero lhe ver de pé, com a enxada na mão e o que mais precisar.

Dizem que meu pai parecia muito com meu avô. Eu nunca conheci nem meu pai nem minha mãe. Quer dizer, conhecer, conheci, mas não lembro. Eu tinha uns seis meses quando meu pai pegou minha mãe trepando com um amigo dele e matou os dois. Pelo que ouvi, minha mãe já andava exagerando na bebida há muito tempo, infeliz que era no casamento. Sei lá por quê. O coração é insondável. Vai entender o que ela sentia. E por isso ela bebia. Não foram poucas as vezes em que meu pai teve de ir pegá-la no bar, o único da cidade. E cidade pequena, sabe como é. Minha mãe se tornou a vadia do lugar, ainda que antes do que ela aprontou não se tenha tido notícia de uma só pulada de cerca dela. Mas ela era a única mulher que bebia com um mundaréu de homens. E isso, naquele tempo, não era pouca coisa. Meu pai era dono do cartório da cidade, homem respeitado, e completamente assombrado pelo tanto de coisas que falavam pelas suas costas. Mas na frente não; na frente era "Doutor Eduardo". Doutor o caralho, que ele não terminou nem o primário. Só que isso era o sinal de respeito máximo que alguém pode ter numa cidade provinciana como aquela. Grande babaquice.

O certo é que pro doutor ser chifrado foi só uma questão de tempo, com aquele macharal todo doido pra comer minha mãe. E meu pai achando que "dos males, o menor", pelo menos o Crispim, grande amigo dele, estava lá por perto, pra ficar de olho na mulher dele. Ouço uma coisa dessas hoje e acho graça. Confiar no amigo pra tomar conta da mulher bêbada... sem contar que ele mesmo estaria bêbado. Resultado: um bêbado amarrado a uma cama, dois tiros dados de baixo pra cima, bem no saco do cara. As balas foram se alojar nos intestinos. O cara sangrou por dentro até morrer. E minha mãe paradinha num canto do quarto, chorando. Só abriu o berreiro quando viu que não ia ter como escapar. Meu pai tirou a corda do morto, amarrou no teto do quarto e colocou uma cadeira bem embaixo. Sem pestanejar, disse, Suba. Foi quando ela percebeu que era a vez dela. Ele deve ter dado uns bons tabefes nela, pra ela parar de gritar. Não teve saída: ela colocou a corda no pescoço e, ao que consta, ela mesma virou a cadeira. Meu pai pegou o carro e saiu em disparada de volta pra cidade onde a gente morava. No meio do caminho, bateu de frente com um caminhão carregado de vacas. Dizem que a coisa foi tão feia que a população do vilarejo por perto passou várias semanas comendo carne de graça. E ninguém nunca soube se foi acidente ou se ele jogou o carro pra cima do caminhão. Eu acho que ele se matou. Na situação que ele criou, ele não era idiota de achar que não seria pego. Tinha que morrer também, e assim estaria livre pra sempre. Tempos depois, descobriu-se que ele já desconfiava que minha mãe andava caída pelo tal do Crispim. Meu pai construiu uma casinha isolada no meio do mato com a única finalidade de dar cabo dela, numa cidade a cinquenta quilômetros de onde a gente morava, e foi pra lá que levou o Crispim e a minha mãe, na hora certa. Fico imaginando o que se passava na cabeça dele, esperando pacientemente os peões terminarem de construir a casa pra colocar seu plano em prática. Tem coisa que vem mesmo no sangue.

 Acabei indo parar na fazenda do meu avô porque não tinha mesmo pra onde ir. Nenhum dos irmãos da minha mãe me quis, e o único irmão do meu pai, naquele tempo, andava sumido. Depois descobriu-se que ele tava preso em São Paulo. Meus avós tentaram de todo jeito fazer com que essa tragédia não chegasse até mim, mas não teve jeito. É o tipo de coisa que, crescendo onde eu cresci, a gente parece já virar gente sabendo. Ao contrário do que a maioria das pessoas acha e pensa, criança é um bicho cruel. E todas elas comentavam. Acho que foi por isso que eu me isolava no colégio. Eu não queria mais ouvir nada de ninguém, mas era impossível. Quando não me diziam na cara, eu recebia bilhetes na mochila, no caderno, onde fosse. Sem contar as inúmeras vezes em que tiravam sarro da minha cara, jogavam coisas em mim, faziam de tudo.

    Eu não contava nada em casa, mas meus avós foram notando que eu ia ficando cada vez mais retraído e violento, até o dia em que eu não aguentei mais e soltei tudo o que vinha acontecendo. Mas não disse uma só palavra chorando. Na minha cara, só se podia enxergar a fúria, a humilhação e a frustração por tudo o que eu vinha passando. A vontade que eu tinha era a de acabar com todo mundo. Acho que por isso também que eles não reclamaram quando eu disse que ia sair da escola. Talvez no fundo tenham pensado que era mesmo o melhor pra mim. Não duvido que meu avô tenha visto nos meus olhos o que eu era capaz de fazer. Sei que quando eu fiz doze anos eles tentaram me enviar pra um colégio de padres na capital, mas não me aceitaram. Eu ainda pagava pelos pecados do meu pai, e parecia que meu destino era ser proscrito até o fim dos meus dias. Eu era o filho bastardo do mundo, era o que pensava com doze, treze anos. Quis me matar, mas o medo do inferno fez com que eu me mantivesse vivo. Mais uma idiotice daquele tempo. Se eu tivesse a cabeça e a certeza que eu tenho hoje, teria me jogado no meio das pedras do rio, e não teria história pra contar. Só que depois a vontade de se matar passou. Compreendi que a vida é uma merda a maior parte do tempo, mas paradoxalmente, viver é bom. Acho que a gente vive pra se convencer disso.

De certa forma, pode-se dizer que meu avô se parecia mesmo com meu pai, e não digo apenas fisicamente. Meu pai aguentou as merdas da minha mãe durante muito tempo. Da mesma maneira, meu avô acatava tudo que minha vó dizia. A diferença é que meu avô e minha avó deram certo enquanto viveram.

Eu é que continuava dando errado.

E não me venham com essa besteira de dizer que foi por conta de nunca ter tido pai nem mãe. Essa baboseira de psicanálise pode servir pros outros, não pra mim. Eu tive chances. Mas dependendo do momento, eu não soube ou não quis aproveitar.

Depois que decidi não ir mais pra escola, abandonei qualquer coisa que se parecesse com os estudos. Eu dava conta do recado na fazenda, e a gente tinha um lucro bom. Então eu pensei comigo, estudar pra quê? Vou viver aqui, esperar os velhos morrerem e herdar tudo. Aí eu transformo essa casa no meu puteiro particular. Estava tudo certo pra ser assim, até que a internet chegou nas bandas onde a gente morava.

Um dia, eu fui levar as vacas pra um lugar mais alto onde o pasto estava melhor, só que com isso eu demorei mais a voltar. Quando eu chego em casa, exausto, entro no meu quarto e dou de cara com meu avô tocando uma punheta pra um vídeo na tela do computador. Minha vó já devia estar dormindo, mas eu dei um grito tão alto que ela veio correndo do quarto. Ela olhava pra mim e pro meu avô com aquela cara de quem foi retirada do sono pra ter que lidar com uma carnificina, sem entender nada. Meu avô estava com as calças arriadas no chão, na frente do computador. Eu fiquei tão puto, mas tão puto, que peguei o computador dele e joguei pela janela do quarto, quebrando computador, janela e as roseiras da minha vó que estavam plantadas no corredor lateral. Eu perguntei a ele, Que sem-vergonhice é essa? E ele ficou sem reação. Minha vó começou a chorar. Ela não entendia porcaria nenhuma de internet, então não sabia que meu avô estava daquele jeito por causa de algo ligado ao computador. O velho continuava sem me responder. Aí eu dei um tabefe na cara dele. Minha avó quis chegar perto e eu levantei a mão pra ela também, Se se aproximar, entra na dança, falei. Ela saiu do quarto correndo.

No outro dia, quando eu levantei, tinha um advogado dentro de casa. Meu avô não escondeu o jogo: ele estava fazendo um testamento deixando tudo pra minha vó e pra caridade. Quando eu morrer, você não bota a mão em um centavo do meu dinheiro, disse olhando bem na minha cara. Eu deixo tudo pra qualquer associação, seja do que for, mas pra você, Arnoldo, não deixo nem uma escarrada no chão. Tu pra mim tá morto.

E com isso eu soube que tinha arruinado meus planos de ser feliz com o dinheiro do velho.

Foi então que eu concluí que, já que eu estava morto pra ele, bem que ele podia estar morto pra mim também. Poucos meses depois, comecei a envenenar o velho, todo dia um pouco na comida, na bebida, até que ele teve um AVC fatal. Ou um enfarto, sei lá. Demorou pra cacete, eu já estava quase pra inventar outro jeito de mandá-lo pro beleléu, quando ele papocou. Ele se achava muito durão, mesmo com a saúde debilitada, e ainda queria fazer qualquer coisa que fosse nos currais onde mantínhamos nossas cabeças de gado. Pois morreu embrenhado nos matos, quando foi procurar sabe-se lá o quê. Só encontraram o corpo uns três dias depois e algum sabichão concluiu que ele tinha tido um troço e morrido.

A trabalheira agora era convencer minha vó a desfazer a merda que meu avô tinha feito no testamento dele, ou fazer um que me incluísse, e depois eu ia ver o que fazia com a velha. A essa altura eu já estava perto dos trinta; sem mulher e sem nada meu de valor, o desespero começava a bater.

É bem aí que a Izildinha entra na história.

Minha avó tinha se recusado a mudar o testamento. Você é uma velha escrota, eu falei sem pena. Aquele velho tarado batendo punheta pra puta na internet e mesmo assim você perdoa. Mulher nasceu mesmo foi pra levar fumo no rabo. Acho que ela não conseguia entender nada do que eu estava falando, porque computador nunca foi mesmo algo da seara dela, nem antes nem depois do ocorrido, e matar a velha também seria um risco que eu não estava disposto a correr.

Como eu estava ficando cada vez mais arredio, ela decidiu contratar uma "cuidadora", esse negócio que naquela época vinha entrando na moda quando as meninas novinhas do interior não queriam mais trabalhar na casa dos outros ganhando uma merreca. A desculpa era que ela estava ficando frágil e velha demais, e sem meu avô por perto, tudo ficava mais difícil. Além disso, como eu passava muito tempo fora trabalhando na fazenda, ela precisava de alguém pra lhe dar assistência. Pode até ser que tivesse algum fundo de verdade nessa história, mas eu tenho certeza que ela tava mesmo era com medo que eu viesse com um travesseiro na calada da noite e apagasse ela feito dois dedos no pavio de uma vela. Que contratasse, então; a velha tinha dinheiro pra torrar. Eu sei que ela nunca engoliu direito essa história da morte do meu avô. Mesmo assim, recusou a sugestão de solicitar uma autópsia. Ela entendia que a coisa podia ficar ainda bem pior, e com um filho morto tragicamente, outro preso e o marido também já tendo morrido, talvez ela achasse, num último átimo de instinto maternal, que já tivesse perdido o bastante.

Mas eu ia falar da Izildinha. Foi ela que veio cuidar da minha vó. Izildinha era uma mulher muito doce, dessas que a gente não encontra mais em canto nenhum. No começo eu fiquei meio cabreiro, passou de tudo na minha cabeça: que desconfiava de mim, que ficava procurando algum motivo pra me entregar às autoridades, até que ela era uma agente infiltrada da polícia eu dei de achar, o que não poderia ser mais ridículo, porque era só olhar pra cara da Izildinha que você via que ela não tinha condição de ser nem a mulher que serve o cafezinho numa delegacia. Mas isso não importa. Uns quatro meses depois eu já tava arreando a asa pra ela. A vida tem dessas coisas, e eu, que queria morar num cabaré torrando o dinheiro dos velhos que me criaram, de repente me vi apaixonado. E eu fiquei doido, porque eu não entendia nada de amor, paixão, nada. Até a Izildinha chegar, eu só entendia de sexo, de trepar feito cachorro, da total falta de limite do desejo. E de repente eu vertia tudo na direção dela. Comecei a levar flores pra ela, a comprar chocolate, a escrever poema. Pensei que eu tava virando viado, o que é uma besteira de se pensar, porque eu não tirava os peitos da Izildinha da cabeça. Mas eu havia aprendido esse comportamento em algum filme antigo, e reproduzia tudo nela. Até minha vó achou estranho, e eu comecei a achar que elas estavam mancomunadas contra mim. Mas mais uma vez, eu tava com paranoia, porque pouco tempo depois, recebi um bilhete por debaixo da porta do meu quarto. Não dizia muito, só um "Aceito sair com você". Estava assinado, e eu senti também que o papel estava perfumado com um fragância tão horrorosa, que se pousasse um mosquito ali ele morria pensando que era Baygon.

Minha primeira providência foi comprar pra Izildinha um perfume que prestasse. Não que eu entenda porcaria nenhuma do assunto, mas como eu paguei por ele quase o valor de uma vaca, devia prestar. A verdade é que eu nunca soube, porque em pouco tempo eu e Izildinha estávamos gastando nosso tempo com coisas mais interessantes. E não pense você que eu estou me referindo aqui a passar o dia pendurado em cima dela. Izildinha era o meu amor. Eu andava pegando na mão, abrindo a porta dos lugares onde a gente entrava, afastando a cadeira da mesa. Um *gentleman* da melhor estirpe. E todo dela, ninguém mais me interessava.

Só que com o tempo eu descobri que a Izildinha não tinha onde cair morta. Como eu também não podia contar com nenhuma grana vindo da fazenda do meu avô, exceto a que eu ganhava por trabalhar lá, não demorei três segundos pra entender que éramos dois fudidos. Pouco me importava. Ela ganhava o dela cuidando da minha vó, então o negócio agora era manter a velha viva, e eu ganhava o meu, que não era nada desprezível, cuidando da fazenda. Mas era tudo muito instável, porque na hora que minha vó morresse, tanto ela ficaria sem trabalho quanto eu, já que a fazenda iria ser doada pra uma ONG qualquer, provavelmente uma de fachada que na verdade só serve pra lavar dinheiro. Mas eu procurava viver o hoje, chorar por antecedência ia adiantar de quê? Além do mais, eu era bastante novo, podia arranjar qualquer outra coisa pra fazer, nem que fosse filme pornô. Digo isso porque, sem estudo, só virando michê pra conseguir grana suficiente pra sustentar uma família; se tem uma coisa que eu não tenho vocação era pra ser gari, frentista ou vendedor de sapato em loja do centro. Se a Izildinha não se incomodasse e ajudasse a pagar as contas, eu faria. Mas foi só eu mencionar a possibilidade pra ela, assim de brincadeira, que ela começou a chorar. Na mesma hora eu a coloquei entre os meus braços e disse que era só brincadeira, meu amor, vem cá, me dá um beijo. E ela lá, chorando, pequenina dentro do meu abraço. Fiquei com raiva de mim mesmo por ter mexido com a sensibilidade da minha mulher. Mas dali em diante a ideia tinha virado pó; se ela não topava, não ia acontecer e fim de papo. Acho que os homens da minha família têm mesmo a tendência a ser passionais.

A gente não pensava em casar porque nem eu nem ela conseguíamos juntar grana. Antes da Izildinha aparecer, eu tinha feito muitas dívidas por aí. Agora que eu tava botando minha vida nos eixos, tinha que pagar, pra só depois pensar em casamento. Pra completar, Izildinha tinha o péssimo hábito de ir toda semana na lotérica fazer um jogo. E eu reclamando que aquilo era dinheiro jogado no lixo. Ainda mais porque ela pegava um ônibus pra ir e outro pra voltar, fora o jogo. No final do ano, quanto ela não teria jogado fora?

Muito antes da gente casar, no entanto, minha vó adoeceu e morreu. Foi coisa rápida, num mês ela estava doente, no outro agonizante e no seguinte a gente estava indo providenciar a cremação dela, que sabe Deus por que, não quis ser enterrada ao lado do meu avô. Ah, agora lembro que ela vivia falando em ser dada como morta e ainda estar viva. Talvez ela achasse que se não tivesse morta iria acordar na hora que botassem as pelancas dela no fogo e com isso iriam evitar que ela virasse poeira. Mas não deu, vovó, você estava mesmo mortinha. E foi exatamente como eu previa, a filha da puta não deixou nada pra mim, doou o terreno da fazenda pra uma ONG e o que eles tinham de bens e dinheiro era pra ser distribuído entre não sei quantas instituições pelo estado. Quem ainda se saiu um pouco melhor foi Izildinha, que recebeu uma bolada no testamento. Nada que desse pra mudar de vida, mas era uma espécie de seguro-desemprego dos famélicos, eu incluído aí.

Quando isso aconteceu, Izildinha quis mudar pra cidade. Acho que ela se deslumbrou com aquele tanto de dinheiro, falava em comprar uma apartamento, mesmo que pequeno, – como se aquela grana desse pra comprar um apartamento grande. Na verdade, o que ela chamava de apartamento não era mais que uma espelunca, logo viemos a saber – em casar, em ter um filho. Eu, que obviamente àquela altura já conhecia algumas das particularidades da minha mulher, achei aquela ideia algo meio sem noção, mas topei. Até porque na cidade eu tinha mais chance de fazer algo que desse dinheiro. O que seria esse algo, eu jamais viria a saber, porque sabe aquela mania da Izildinha de jogar na loto? Pois ela ganhou muita grana, muita. Um belo dia eu estava chegando em casa depois de um dia todo batendo perna por aí procurando emprego, quando avistei Izildinha na porta, chorando, se tremendo dos pés à cabeça. Pensei logo que alguém tinha morrido. Você vê sua mulher naquela situação, não dá pra pensar em coisa boa, né? Ela começou a gesticular, me chamando, me pedindo pra apressar o passo. Pegou no meu braço, me colocou pra dentro de casa e fechou a porta. Como a gente tinha ido parar num conjunto habitacional em que o peido mais silencioso era ouvido pelo vizinho, ela se encostou na porta, me pegou perto dela e sussurrou, Eu ganhei na loto, meu amor. A gente tá rico. A gente tá rico. E ela só sabia dizer isso durante quase um minuto, chorando. Eu não sei nem o que passou pela minha cabeça naquela hora. Lembro que não entendi nada, nem lembrava mais que ela ainda gastava dinheiro com jogo. Só sei que me deu um aperto no peito, o mundo ficou meio escuro ao meu redor e a minha respiração ficou arfante. Eu sussurrei também, Que porra é essa, Izildinha? E ela só sabia repetir que a gente tinha ficado rico. Depois que ela me explicou brevemente a história, eu fui ver o jogo dela e o comprovante do resultado que ela tinha pegado na lotérica. Era verdade. Eu não ia precisar trabalhar nunca mais na vida, nem ela. Na mesma hora, comecei a tirar a roupa e puxar as dela, e num tesão animalesco, peguei minha mulher como se fosse a primeira vez que eu tivesse estocando dentro dela, conscientemente pedindo aos deuses que ela ficasse grávida. E depois dizem que é só mulher que dá golpe da barriga. Bando de ingênuos.

Na verdade, eu sempre quis ter um filho. E agora, com um motivo real pra fazer um, por que não? Mas Izildinha não engravidou naquele dia, e eu pouco me importei. Com a felicidade que estávamos, o que não ia faltar era motivo pra praticar. Com o tempo, ela mesma já estava dizendo na hora de fuder, Faz um filho em mim. Ainda bem que ela não dizia aquilo o tempo todo, porque trepar com essa obrigação é brochante. Mas uma hora deu certo. A gente soube quando ela começou a enjoar sistematicamente. Pronto, o Olavo estava a caminho.

Só que nessa mesma época, a Izildinha começou a virar uma chata. Queria fazer plástica, queria viver comprando roupa, sapato e bolsa, coisas de decoração pra dentro de casa, que aliás era agora uma senhora duma casa, fazer curso de etiqueta, disso e daquilo. Nem de longe ela se parecia com aquela mulher simples e doce que eu tinha encontrado, que morava numa casinha de dois cômodos num conjunto habitacional comigo. A gente tinha chutado aquela casa e comprado uma que cabia umas quinhentas dela dentro e ainda sobrava espaço. E isso foi me dando um sentimento de opressão e humilhação que eu não sentia desde criança. Eu começava a me sentir o cachorrinho da Izildinha. Sim, porque pra tudo isso, ela me levava a tiracolo. Eu era o homem que segurava as sacolas, todas. E ela a mulher que passava o cartão. Aquilo era angustiante. Pelo menos ela tinha a sensibilidade de perceber. Izildinha era muito sensível, sempre foi. Então ela chegava pra mim e dizia, Meu amor, esse dinheiro é nosso. Nosso porra nenhuma, porque eu nunca quis um cartão pra mim, mesmo ela tendo oferecido, e só quem gastava o dinheiro de verdade ali era ela. Às vezes ela me pegava pelo braço e dizia, Hoje a gente vai sair pra comprar coisas pra você, só pra você. E o que era pra ser um momento feliz se tornava um misto de alegria com angústia.

Lá pelo quinto mês de gravidez, eu compreendi que estava casado com uma dondoca. E se tem uma coisa que eu não suporto é madame. Cheguei pra Izildinha e falei, Eu preciso arrumar um emprego. Se a gente continuar nessa, eu vou enlouquecer. Ela veio com aquele mimimi dela de sempre, de que a gente tinha dinheiro suficiente pra torrar pelo resto da vida, que era besteira minha. O que ela não sabia era que se eu tivesse que conviver com ela daquele jeito por mais alguns meses, eu iria acabar por esganá-la. E eu sempre soube muito bem do que era capaz. Eu precisava sair de casa.

Comecei a olhar os classificados do jornal pela internet, todos os dias, obsessivamente. Quando nosso filho já estava bem perto de nascer, consegui um emprego de motorista na casa de uma família de ricaços que morava perto de mim. Eu podia ter ido lá no dia da entrevista no meu carro – que eu ganhara da Izildinha – mas fiz tudo como manda o figurino e cheguei até a casa deles de metrô e lotação. Como casa de gente rico é tudo isolada, ainda andei pra caralho até encontrar a casa, mas no fim deu certo. Não disse a eles o meu endereço verdadeiro, porque aquilo não tinha cabimento. E no fim, acabaram me dando o emprego. Como eu não tinha experiência nem referência, topei um salário menor. Tudo pra não ter que passar o dia carregando as sacolas da Izildinha nem ouví-la falar sobre novos tratamentos cosméticos. Mas como nada é perfeito, evidentemente que fui trabalhar justamente pra essa raça de gente que abomino. Minha patroa era uma madame de marca maior, porque ela já nasceu em família rica, de nome e tradição. Perto dela, minha Izildinha continuava sendo a pobretona favelada de sempre. Mal sabia ela que minha mulher tinha muito mais dinheiro do que ela, a julgar pelo que eu ouvia dos outros empregados e pela própria casa deles, que era muito grande e bonita, mas inferior à que eu morava.

    O lado bom de ser motorista de gente rica é que você começa a ter acesso a um monte de outras pessoas, e aquilo lhe dá oportunidade de conhecer a vida. Não demorou muito, e eu estava fudendo com a copeira. Depois, larguei a copeira pela cozinheira, que dava pra mim ainda com aquele cheirinho de comida, e eu adorava. Aquilo sim, era cheiro de gente, e não a porcaria de dondoca que eu tinha em casa fedendo a Chanel n° 5.

    Aliás, por lá, minha mulher começava a me dar nos nervos mais do que nunca. E eu me segurando ali pra gente não se separar. Eu ainda gostava muito da Izildinha, mas eu tinha me apaixonado e casado com uma mulher que depois que enricou, virou outra. E no trabalho as coisas não estavam ficando fáceis.

Um dia eu cheguei lá pra trabalhar e tinha uma comoção dentro de casa. Dona Solange, minha patroa, veio falar comigo. Arnoldo, venha cá. A Francisca veio me dizer aos prantos que você ordenou que a Gorete fizesse um aborto de um filho seu. Que história é essa? Francisca filha da puta. Se eu perdesse meu emprego, ela ia se arrepender. Não é nada disso, dona Solange. O que acontece é que a Francisca gosta de mim, mas eu ando saindo com a Gorete. É só ciúme. E por acaso o senhor não é casado? Putz, eu tinha esquecido que havia dito isso na entrevista de emprego. Eu baixei a vista, olhei pro chão e respondi. Sou, dona Solange. Mas as coisas não estão indo muito bem lá em casa, eu estou quase me separando... Mentira, claro. Meu filho ia nascer por aqueles dias, e nem de longe me passava pela cabeça deixar a Izildinha. Até porque, de lá eu iria pra onde? Sem chance. Olhe, senhor Arnoldo, eu só vou dizer o seguinte: o senhor criou a situação, o senhor vai desfazê-la. Se vocês três não se entenderem, eu coloco *todos* na rua.

Meu sangue gelou ao ouvir aquilo. Apesar de tudo, era por causa daquele emprego que eu mantinha a cabeça no lugar. Mal sabia eu que aquilo estava prestes a acabar.

Pouco mais de uma semana depois, com a situação já abafada, eu chamei a Francisca pra sair. Disse a ela que queria ficar em paz com ela, que eu gostava mesmo era dela e um monte de outras merdas, só pra ela aceitar o convite. Coloquei-a no meu carro – Nossa, Arnoldo, nem sabia que você tinha carro – e segui rumo a um morro onde eu sabia que desovavam corpos de gente que devia ao tráfico. Pra onde você tá me levando?, ela quis saber. Fiquei calado. Ela começou a respirar fundo, sabia que tinha caído em uma armadilha. Mas meu carro era blindado e com os vidros escuros, não ia adiantar nada. Ainda mais ali, onde as pessoas estavam acostumadas a lidar com aquilo todo santo dia. Coloquei uma luva na minha mão esquerda e apertei o pescoço da Francisca, que se debateu no banco do carro, tentou gritar, tentou me bater, mas ela era tão frágil que só com a mão esquerda mesmo e mais nada eu dei conta dela. Aos poucos todo aquele escândalo dentro do carro foi se acabando, se acabando, até que parou completamente. Depois joguei o corpo onde tinha que jogar e fui embora pra casa. Quando cheguei lá, Izildinha me disse que achava que estava entrando em trabalho de parto. Achei ótimo, porque assim ela não ia ter como se concentrar nos arranhões que eu tinha no braço quando a Francisca tentou fazer com que eu parasse de estrangulá-la.

No dia seguinte, Olavo Luiz Pimentel de Carvalho vinha ao mundo. Chorei de emoção.

Por conta do nascimento do meu filho, pedi uns dias de folga. Dona Solange me deu três, dizendo que aquilo ia sair muito caro pra ela, que teria de arrumar outro motorista por três dias, e todas essas babaquices de gente que tem grana sobrando mas age como se fosse pedinte de semáforo. Eu nem dei trela, e fui mimar meu pequeno Olavo, que por mim jamais seria médico nem nenhuma dessas profissões que enchem o cu do cara de grana, mas um grande filósofo. Eu só queria isso. Pena que não deu tempo.

Depois disso as merdas começaram a acontecer numa sucessão ainda mais rápida.

Nunca encontraram o corpo da Francisca. Ela só tinha uma filha, que tinha ido morar na Itália quando era adolescente e não tava nem aí pra ela. A polícia suspendeu as investigações e a vida continuou na casa da dona Solange.

Eu saía com a Gorete e quando chegava em casa também comparecia com a Izildinha, mas tava ficando cada vez mais chato trepar com aquela mulher. Eu estava ficando de saco cheio dela. Mas enquanto eu não soubesse o que fazer, tinha que aguentar.

Dona Solange viajou e deixou a seguinte recomendação: todas as noites, era pra eu ir pegar a Vanessa na faculdade. Quem pegava era ou o pai ou o namorado, mas o seu Hélio, marido dela, também ia junto na viagem, e ao que parece ela tinha terminado o namoro. Eu quase nunca tinha visto essa menina, e nem me interessava. Meu trabalho era mole. Carro importado, ar-condicionado direto, eu dirigia pros outros sem ter obrigação nenhuma de resolver nada pra mim mesmo, era fácil aguentar aquele trânsito escroto todos os dias. O combinado é que quando ela estivesse saindo, ligaria para o celular da casa, que ia ficar comigo, e eu me aproximaria com o carro para a mini-dondoca entrar.

Só que quando ela entrou, não tinha nada de mini. Eu pensei que ia pegar uma dessas adolescentes lesas que olham pra tudo com olhar blasé – aprendi essa palavra num dos cursos que a Izildinha me obrigou a fazer – e quando vejo, uma mulher digna de uma Playboy entra no carro. Eu achei por um instante que ela tinha entrado no carro errado. Mas quando eu disse, dona Vanessa?, ela suspirou fundo, sorriu e disse, Eu mesma. Por favor, seu Arnoldo, vamos pra casa, que eu estou morta. Eu nem lembro o que disse, só sei que em pouco tempo estávamos em casa, e em menos tempo ainda estávamos trepando na cama da mãe dela. Mas não naquele dia. Acho que isso foi lá pro final da semana seguinte. Não sei exatamente o que houve entre ela e o namorado, se ela estava fragilizada, cética, não sei nem interessa. Só sei que mesmo não estando mais tão em forma como nos tempos de fazenda, a mulher viu em mim algo que quis pra ela. E o problema foi justamente esse. Ela começou a insistir em algo sério. Tá louca, Vanessa? Primeiro, eu sou casado e tenho um filho pequeno, segundo, teus pais matam a gente, eles nunca iriam aceitar uma situação dessas. Já pensou o que seria para o "nome" da família de vocês, com a herdeira de tudo namorando o motorista? Eu já fui deserdado uma vez e sei como é, não quero isso pra você também. Ela ficou só olhando pra mim, como se tivesse refletindo sobre o que eu disse. Pra você ver como eu tenho escrúpulos. Esse negócio de meter os outros em enrascada não é comigo, embora eu saiba, claro, que o meu pescoço também estava na corda se eu continuasse com aquilo. E era isso que ela queria. Arnoldo, eu tenho dinheiro no banco, a gente pega o teu filho e foge, eu cuido dele como se fosse meu.

Ela jamais entenderia. Não era só meu casamento, meu filho e meu emprego. Ela não sabia que eu, por tabela, também tinha dinheiro, ela não sabia onde eu morava, nem muito menos que eu comia a Gorete. Se os pais dela soubessem, a Gorete suspeitasse e minha mulher sequer imaginasse, eu podia me considerar um homem morto.

Quando a mãe dela voltou, a gente parou de se ver por uns tempos. Só que a patroa não era burra, e foi conferir as chamadas no celular da casa. Tinha ligações do celular dela registrados nele nos horários em que eu estava de posse dele, de mais de quarenta minutos. A filha da puta suspeitou, e ela e o marido colocaram um detetive atrás de mim. Nessa época a gente já tinha voltado a se ver, e olhando pra trás, me pergunto como fui tão burro e ingênuo. Eu tava gozando dentro dela quando a porta do motel onde a gente estava foi arrombada por uns capangas do seu Hélio, que só não me mataram porque a Vanessa não desgrudava de mim.

Eles haviam descoberto tudo: que eu era rico, que morava numa mansão, que trepava com a Gorete, tudo. Pelo menos não descobriram onde a Francisca tinha ido parar. Aliás, a Gorete também entrou na dança, e disse que ia até o inferno pra se vingar, porque além do emprego ela tinha perdido o marido e foi expulsa de casa, já que a casa era dele.

    Cheguei em casa de cabeça baixa. Que foi?, perguntou minha mulher. Engraçado que isso ela não tinha mudado. Continuava se importando comigo. Eu pedi demissão, disse a ela. Desconfio ter visto um sorriso no rosto dela começar a se formar, mas ela viu que eu estava acabado, e decidiu não comemorar na minha frente. Me abraçou e me levou para o quarto. Esses chamegos e afagos duraram pouco mais de 48 horas. No terceiro dia, minha mulher recebeu uma ligação anônima, dando conta de tudo o que tinha acontecido. A pessoa que ligou disse, inclusive, que desconfiava que eu tivesse algo a ver com o sumiço da Francisca. E concluiu dizendo: uma empregada da casa onde ele trabalhava fez um aborto de um filho dele.

    Izildinha me confrontou na mesma hora. E eu neguei. Neguei por mais um tempo, até que eu não me aguentei e joguei tudo na cara dela. Que aquele casamento estava uma bosta, que ela não era a mulher que eu tinha conhecido, que ela era um saco, um demônio dos infernos e uma série de outras coisas. Ela ficou horrorizada em sua nova maneira de demonstrar estupefação: mão espalmada no peito, boca entreaberta formando um O, uma verdadeira atriz de quinta, o que fazia jus ao que ela havia se tornado. Fui pro quarto, enchi uma mala de roupas e saí de casa.

    No outro dia, fui acordado com um telefonema seis e pouco da manhã. Eu quase não ouvia nada, estava uma barulheira de vento dos diabos. Eu ouvi uma criança chorando, que eu tinha certeza que era o Olavo. Arnoldo, eu quero lhe dizer que a culpa é sua, tá me ouvindo? Eu estava, claro, ainda que não entendesse tudo porque o vento não deixava. O que é que está acontecendo, Izildinha?, eu estava atônito, mas sabia muito bem o que estava se passando. Para de me chamar de Izildinha, porra! Meu nome é Maria Zilda, que é como você vai passar a me chamar de hoje em diante, porque depois do que eu estou prestes a fazer, eu *duvido* que você tenha coragem de falar o meu nome desse jeito!

Eu ouvi o som do celular dela caindo no chão. Entrei em desespero, porque eu sabia que ela tinha se jogado. E eu não conseguia mais ouvir o Olavo também. Fiquei doido. Eu não sabia onde ela estava e não havia nada que eu pudesse fazer. Ela tinha pulado de algum prédio com o Olavo no colo, a filha da puta.

No meu desespero, eu liguei pra polícia, expliquei a situação, e que se eles soubessem do suicídio de uma mulher de 36 anos, assim e assim, com uma criança de colo, que me dessem retorno urgente porque era minha mulher, eu estava com ela ao telefone na hora do ocorrido. Pelo menos pra isso eles servem, menos de vinte minutos depois, eu já sabia onde tinha sido.

E não deu outra: cheguei lá e vi Izildinha e Olavo espatifados no chão. Eu amava aquela criança. E eu não tinha noção do calvário pelo qual ainda passaria por conta daquela perda.

Dois dias depois, era o meu aniversário. Aproveitei o dia pra tentar entender a atitude da Maria Zilda. Não entendi. Evidentemente que eu ia levar anos não pra entender, porque eu tinha convicção de que não entenderia nunca, mas pra aceitar. Eu tinha entendido que matar o Olavo era uma vingança contra mim, já que ela sabia que não podia fazer nada comigo. Eu me virava com o que a vida tivesse a oferecer, eu sempre fui um cachorro louco vagando por aí. Mas matar o Olavo foi um golpe baixo. E eu tinha que fazer alguma coisa pra não enlouquecer. Peguei meu carro e saí dirigindo a esmo. Desde adolescente, sempre gostei de dirigir, mas eu acho que já disse isso. Tirei a carteira aos 19 anos, e de lá pra cá, sempre saí no carro pra desopilar.

Os assassinatos vieram depois. Mais precisamente, no dia do meu aniversário de 39 anos, um ano e dois dias depois do suicídio da minha mulher.

Enchi o tanque de gasolina e saí dirigindo e pensando na vida. Foi quando avistei um cara caminhando pelo acostamento. Já era tarde. Eu mesmo parei o carro. Quer carona?, eu disse alto, depois de baixar o vidro. Pra onde o senhor tá indo? Pra frente, eu disse, tentando acreditar. Ele sorriu e entrou. Saiu de lá pouco mais de meia hora depois, morto.

Se um dia eu fui idiota, não lembro. Hoje eu só mato essa gente sem futuro que pede carona no meio do nada. Gente que não faz falta, como eu.

Herdei tudo da Maria Zilda. Não descobriram nada contra mim, ela foi mais uma mulher transtornada que não soube segurar a onda e se matou. Azar o dela.

As pessoas confiam em mim. Sempre confiaram. Ninguém chega tão longe sem a confiança dos outros. Eu gasto pouco, quase não tenho mais interesse por sexo, e como o que me convém. Quando eu morrer, vão encontrar um testamento onde deixo tudo para as paróquias da terra de onde eu venho e mais duas creches. Provavelmente vão dar meu nome pra alguma sala, escola ou biblioteca da cidade. Eu serei lembrado como benfeitor, eternizado nas paredes de algum lugar.

Mas enquanto eu estou vivo, continuarei pelas estradas do país, pegando de tocaia esses seres humanos invisíveis e inúteis. Sozinho, solitário, como sempre fui. É melhor assim. Os mortos só ouvem meu uivo no pé do ouvido quando já é tarde demais. Bando de putos nojentos, essa gente que só existe pra fuder com a vida alheia. E se eu for pego? Se eu for, já era, me mato. Não se espante, porque eu sou você também. Você sou eu reprimido. Eu ganho a confiança pra montar minha armadilha. Eu faço os outros enxergarem o que eles gostariam de ver no mundo, naqueles poucos segundos entre o entrar no meu carro e o ficar do lado de fora. É um dom. O que nos difere é que eu desenvolvi, você não. Não pense que você é melhor do que eu porque nunca matou ninguém. Você também é um predador. Nunca se esqueça, meu caro, que o cordeiro é também o caçador.

Cobrança

Ao longe, Marieta conseguia enxergar a silhueta do que parecia ser uma mulher, se o que ela estivesse vendo fosse mesmo um vestido. Devia ser a prima. Já não era sem tempo, pensou.

Eleonora vinha caminhando devagar, trocando a mala de mão de vez em quando para descansar a coluna e um dos lados do corpo. Às vezes, parava um pouco. O sol já estava mais baixo, mas quando a caminhada começou, depois de uma longa viagem de ônibus que havia durado mais de seis horas, ainda salpicava o ar e a terra com seu bafo escaldante, transformando cansaço em exaustão. Eleonora foi se aproximando da calçada onde Marieta a esperava. Fazia mais de vinte anos que não via ninguém daquelas bandas, e não tinha certeza se era ela mesmo. Havia seguido a orientação: No ponto final do ônibus, tem uma estrada batida de terra, caminhe por ela que vai dar lá em casa. Assim que a estrada acabar, virando não mais que um fiapo de chão, à direita vai estar nossa casa, não tem erro. E eu vou lhe esperar na calçada, havia dito a prima.

E assim ela fez, e parece mesmo que ia dando certo. Não sabia ainda como daria a notícia que tinha ido ali para dar. Quando ligara para o único resto de família que ainda tinha, não dera detalhes. Falara como quem manda um telegrama. Papai morreu. Preciso ir até vocês. Me digam o endereço. Eles o deram, sem entender. Mais tarde, um pouco mais refeita, ela finalmente falou com todos de maneira mais sóbria e se fez entender. Tinha havido um acidente, do qual a única vítima fora o pai. Ela queria muito ter ido até ali de carro, mas ele havia se acabado no desastre, de modo que precisara saber como chegar até lá de ônibus.

Embora não se vissem há tanto tempo, todos sabiam o motivo da visita de Eleonora: precisavam falar da casa em que ela morava com o pai.

Há sete anos, sua mãe havia saído de casa para ir morar em outra cidade com um homem muito mais jovem que seu pai, que ela conhecera durante uma visita que fizera a um centro cultural, onde haveria uma exposição que ele estava ajudando a montar, levando os itens de um lado pro outro com a ajuda de outros homens. Nem ela nem seu pai jamais entenderam a atitude da mãe, mas um dia seu pai lhe falara do espírito indomável da mulher desde a época em que namoravam. Ela era dada a sumiços, e depois reaparecia como se sempre tivesse estado ali. Apaixonado, tudo perdoava, sem antever o que estava por vir e que, enfim, veio. Era da natureza dela, ele lhe disse, e as forças da natureza devem ser respeitadas. Ele falava essas coisas como se tivesse aceitado, mas quem o ouvisse compreenderia que suas palavras estavam mais próximas da resignação. A disposição para refazer a vida com alguém nunca veio. Um ano e pouco depois disso, ele admitiu que estava deprimido; e os irmãos, que eram quatro além dele, se reuniram a pedido dele mesmo, que fora até a cidade onde eles moravam para pedir que não continuassem o processo de venda da casa. Ele planejava comprar um outro apartamento, dali a um tempo, assim que pudesse, na verdade, mas não agora. Alguns acharam que era tolice: a casa era enorme, já tinham tido propostas de duas construtoras, que queriam demoli-la para construir um prédio, E se o país atravessasse uma crise?, um dos irmãos questionou, as ofertas iriam sumir, disse, exasperado, e era uma grana que daria pra cada um comprar um apartamento, se quisessem, Inclusive o Leandro, disse uma das irmãs, sem a menor necessidade, mas no fim, com medo de uma disputa judicial que poderia protelar a venda do imóvel ainda mais, combinaram com ele um prazo de seis anos, que fora antecipado em dois anos, por conta de sua morte.

 Marieta foi logo pedindo desculpas por não ter ido até ela e ajudado com a mala, e Eleonora disse que não tinha problema, afinal, ela nem tinha como ter certeza de que ela era mesmo a pessoa que aguardavam. Estavam há tanto tempo sem se ver, justificou. Além do mais, disse Marieta, eu tenho medo de sair e os meninos escapulirem de casa. Mas vá entrando, vá entrando, disse a prima.

 A porta da casa estava aberta, e assim que ela se viu na sala, notou que todos os seus parentes estavam espalhados ao redor do espaço. Uns sentados à mesa, outros no sofá, e um ou outro em pé, mas todos pareciam reunidos como para esperá-la. Eleonora não se fez de rogada e colocou a mala no chão. Quando levantou a cabeça, todas as feições que enxergava lhe eram completamente estranhas. As pessoas que há não mais que dois segundos ela conseguia mais ou menos posicionar em algum momento da sua infância, quando vinha passar férias na casa de um dos tios, agora eram todos gente que ela nunca havia visto na vida. Deve ser o calor, pensou, e disse para os que ali estavam que precisava de uma cadeira e de um copo d'água, não estava muito bem, ao que alguém correu para a cozinha dizendo, Claro, claro, como pudemos ser tão insensíveis?!

    Eleonora bebeu a água lentamente, de olhos fechados, na expectativa de que quando os abrisse tudo voltaria ao normal. Não voltou. Todas as pessoas que se encontravam ali, os dois tios, as duas tias, dois filhos de um de seus tios e o advogado que representava a família, continuavam sendo pessoas que nunca havia visto. Nervosa, Eleonora nem chegou a abrir a mala onde estavam apenas os documentos da casa e do processo da venda. Levantou-se, pediu licença e disse que voltaria em outra ocasião. Um dos supostos tios se interpôs em seu caminho, O que está acontecendo, Eleonora? Nós temos interesse em que isso se resolva o quanto antes! Sem conseguir olhar o estranho no rosto, ela disse, Eu também, mas não estou me sentindo nada bem. Uma mulher, que deveria ser sua tia, falou então, Deite um pouquinho, você deve estar cansada da viagem. Eu também achava que era isso, mas não é. Preciso ir embora, prometo a vocês que volto outro dia. Ainda ouviu um Se essa menina estiver aprontando alguma coisa pra cima da gente, e Ela pensa que estamos exigindo o quê além dos nossos direitos? antes de conseguir se desvencilhar do irmão de seu pai que barrava a porta e chegar novamente a calçada. Os tios ficaram falando alguma coisa dentro da casa, mas ela não distinguia mais as palavras. Não fazia ideia do que eles lhe fariam caso descobrissem que o pai havia morrido afundado em dívidas e que a casa seria tomada para pagá-las. Estaria seu cérebro inventando coisas como forma de defendê-la de algo pior?

Marieta levantou-se de onde estava na calçada assim que a viu, Já resolveram? Eleonora não conseguiu responder. Com a mala debaixo do braço e a lua já anunciada no céu, correu para longe dali o mais que pôde. A prima estacou, sem entender, e quando percebeu que Eleonora já ia longe, jogou-se no chão, voltando-se para a porta da casa. A transformação levou menos de um minuto. Entrou na casa rastejando e sibilando, onde juntou-se a todos os outros parentes, que agora também deslizavam pela casa subindo nas maçanetas, deslizando pela porta da geladeira, entrando em gavetas, enfiando-se debaixo de algum móvel. Estavam atarantados, irados, chacoalhavam seus rabos com força, enlinhavam-se uns nos outros, doidos por algum ratinho ou pássaro que passasse por ali desavisado, porque se tem coisa que aplaca a raiva é comer.

Sem ela não dá

Eu já disse a ela que se ela me deixar, ela morre. Não quero nem saber, foi avisada. Mandei carta, telefonei, coloquei até *whatsapp* no meu telefone só pra mandar uma mensagem praquela vadia. Quer dizer, eu mesmo não, que eu não sei nem como faz, mandei meu filho colocar, que criança de hoje em dia sabe muito mais que a gente; é bom que ela fica sabendo que ele me ajudou com isso e tá do meu lado.

Onde já se viu, abandonar o pai dos seus três filhos? Onde já se viu jogar fora quem te deu um lar, quem te tirou da vida, quem te tirou da outra vida, e te trouxe pra uma casa pequena, sem muito luxo, mas confortável e com tudo dentro? É, Elizete, você sabe disso. Te tirei da vida difícil duas vezes. A primeira quando resolvi deixar de ser teu cliente para ser teu homem, e depois, quando disse que você podia deixar de trabalhar que eu te sustentava. Você me olhou de banda, quis fazer cara feia, mas eu te convenci a sair da casa daquela mulher que te tratava tão mal e pagava pior ainda. Trouxe você pra viver comigo, fiz um empréstimo com meu salário digno, fiz carnê em um monte de loja do

Centro, comprei sofá, beliche, fogão, botijão, torradeira, tudo pra lhe dar conforto e fazer de você a mulher mais feliz do mundo.

E o que foi que eu pedi em troca, o que foi? Nada, Elizete. Nem um real. Eu só queria amor. Minha vida era trabalhar pra te sustentar. Eu lá no alto dos prédios, nos forros das casas, rebocando parede, cortando azulejo e pensando em você, só em você. Em ganhar meu dinheirinho do dia, levar pra casa e mostrar pra você, Olha como eu sou homem pra te dar o que você precisa. Eu não disse que era isso que eu ia fazer?

Tá certo que foi mais difícil quando você resolveu trazer seus dois filhos pra morar com a gente. Criança dos outros é dose. Mas eu aceitei, e você sabe que de você eu aceito tudo, não sabe? Mesmo eles não me deixando ver meu futebol em paz, mesmo o Maycol tentando tirar meu juízo todo dia quando eu só quero me deitar, e mesmo com a Andressa o tempo todo no meu pé. Pelo menos ela me chama de pai. Eu sei que eles não foram planejados, vieram ao mundo pela graça de Nosso Senhor Jesus Altíssimo, que não deixou que eles morressem em alguma casa de aborto clandestino, porque a gente vive ouvindo essas histórias por aí e sabe como é. A tua amiga Eulália num morreu assim? Foram tirar o menino dela, coitada, como quem abre um porco. Mas o que importa é que os seus, mesmo não estando nos planos, vieram, ainda que de outros homens antes de mim. Acho que estava marcado pra eles terem um destino comigo, mesmo. Tá vendo? E você ainda me chama de ciumento. Aliás, nem o nosso veio porque quisemos. Mas hoje quem vê o Rérbert sabe que ele tinha que vir pro mundo, com certeza. Ele tinha que existir. Deus sabe o que faz.

Eu lembro bem que você ficou feliz, muito feliz. Eu disse que a gente ia ter o menino e você deu aquele seu sorriso que eu adoro, mesmo antes de você ir no doutor Nogueira pra ele arrumar seus dentes. E depois que ele consertou tudo, aí foi que ficou lindo mesmo. Sei que quando eu bebo digo que vou quebrar todos eles – quantos são mesmo que ele disse que a gente tem na boca? Trinta e dois? Pois é, eu digo que vou quebrar um por um, que fui eu mesmo que paguei por esses cacos que você tem nessa máquina sugadora de pau que você chama de boca, e você sai de perto correndo, ameaça, diz que vai arranjar um homem que cuide de você de verdade e que não fique o tempo todo dizendo que vai lhe bater e quebrar seus dentes. Como se eu já não soubesse. Mas eu te entendo, minha rainha, entendo mesmo. Mas diga aí quantas vezes eu encostei a mão em você? Só duas, né? E mesmo assim, numa delas foi porque tinha três caras querendo me segurar, eu fiquei me debatendo, você chegou perto e meu braço pegou em você. Eu sei que você diz que foi de propósito, mas não foi não. Pra falar a verdade, nem da primeira vez, já que eu tinha bebido.

    Foi pra parar com a bebida que eu entrei pra igreja. Até apoiei quando você disse que ia fazer o curso de cabeleireira do Senac, e você sabe o quanto eu tinha sido contra antes. Aí você vem agora com essa história que deixou de gostar de mim porque eu me tornei evangélico? Que eu ter virado crente é uma piada? Ah, Elizete, conta outra, que essa eu não engulo. Mas já tinham mesmo me dito que você tava a fim do Josias, então qualquer desculpa serve. No outro dia eu fui lá no bar e ele veio com aquele ar dele de sonso, os pés já tropeçando no próprio chão, que era como eu ficava antes de entregar minha vida a Jesus. Cheguei nele e perguntei, Que história é essa, meu irmão? Ele nem disfarçou, já sabia do que eu tava falando e disse na lata, Porra, Marcelino, você que tem que segurar tua mulher. Se ela não tá feliz contigo, cara, deixa a mulher viver em paz!

Eu fiquei doido, quis avançar em cima dele, mas outros dois caras que eu nunca tinha visto bebendo lá me seguraram. Nesse dia tomei uma da branca e outra da dourada e saí pela rua chorando. Você sabe disso, Elizete, todo mundo te contou. Depois vieram me dizer que você tinha dado risada, mas pra sua sorte eu já tinha ido conversar com o pastor, que mesmo eu estando com o bafo de cachaça aceitou conversar comigo e me acalmou. Ele disse que o Senhor tem seus caminhos e suas maneiras de escrever nossa história, e que cabe à vontade Dele a gente ficar junto ou não.

A vontade de Deus é o caralho, Elizete! Quem tem que querer é você, só você e mais ninguém. Quer dizer, eu também tenho que querer, mas você sabe que eu quero, quero mais que tudo, quero pelo tanto que quero a vida dos nossos filhos.

Semana passada mesmo o Rérbert chegou pra mim com aquele olhar de pedinte que ele tem e soltou aqueles grunhidos dele, chorando. Eu coloquei ele no colo, perguntei, O que você tem, pequeno?, e ele continuou chorando e grunhindo. Eu coloquei ele na minha frente e pela milésima vez tentei fazer com que ele falasse algo, mas acho que o doutor está certo: ele nunca vai falar. Temos sorte de ele ao menos ouvir, apesar de ser mudo, lembro de ter pensado. Mas é um mudinho que eu quero muito bem, Elizete. E sei que você também, apesar de você ter saído de casa. Tem coisa na vida que a gente não entende, a gente só aceita, e o Rérbert é uma dessas coisas. Mas eu não entendo é você ter saído de casa, isso não. E eu ainda acho que aquele dia que você tomou aquele monte de comprimidos foi o que fez o menino nascer assim, mas você diz que não. E eu sei que você saiu daquela muito mal, pra baixo, dizendo que queria morrer, e por isso eu não te coloquei na parede sobre esse assunto. Mas o menino era forte, se segurou lá, e nasceu com tudo certinho, tudo no lugar e muito esperto. Só não fala, mas se comunica com a gente mais do que muita criança tagarela por aí. Às vezes eu sofro muito, que o único filho que eu tive com você, o único que é do nosso sangue, nunca vai me chamar de pai. Eu não estou desmerecendo nem a Andressa nem o Maycol, você sabe que pra mim eles são meus filhos igual. Tem dias que eu tenho tanta raiva deles dois, que me torram a paciência, mas mesmo assim, fico feliz por ser o pai deles. Eles me lembram você, que é o que me importa enquanto você não volta pra mim, Elizete.

Aí o Rérbert continuou naquele gemido. Não sei bem o que eu disse pra ele, mas eu disse algo como, Uma hora ela volta, meu filho. A verdade é que eu não sei se ele estava perguntando por você ou se estava com fome. Mandei o Maycol tirar seu retrato da parede, que eu não queria nem tocar naquela joça, então o mudinho não tinha pra onde apontar dessa vez. Talvez tivesse mesmo era com fome, e eu sem paciência pra ir no mercado. Depois os outros dois vieram me pedir pra comprar comida. Eu só fiz levantar a mão como se fosse bater numa mesa, e os dois saíram correndo pro meio da rua. É sempre assim, depois voltam. Pelo menos lá eles arranjam o que comer. E eu tô sem dinheiro também, torrei tudo, Elizete, e você nem queira saber como.

E nem importa, porque eu quero mesmo é você. Não me importa se você deu pro Josias. Volta, Eliz. Eu prometo que só faço o que você quiser.

O dia que você foi embora foi o mais triste da minha vida. E olha que eu já tenho mais de quarenta anos no espinhaço. Você não faz ideia de como doeu eu chegar em casa e ver os três meninos chorando, dizendo que você tinha ido embora. Na mesma hora fui bater na casa do filho da puta do Josias, mas ele não estava. E nem você. Depois ouvi falar que vocês tinham se mudado pra outro canto. Sorte de vocês que eu não descobri onde é.

Sempre que eu sinto essas coisas ruins me invadindo eu vou na igreja. É lá que eu canto, eu oro, choro e peço a Deus que interceda por mim, pelos meus bons sentimentos. Sei que agora é um pouco tarde, mas mesmo assim, eu não acho que eu esteja errado em pedir. Mesmo você não acreditando em nada, Elizete, quer dizer, mesmo você dizendo que só acredita no poder dos homens, eu tenho certeza que existe algo grande e poderoso no céu. E é por causa dessa força que eu sigo acreditando que há de ter uma saída pra minha situação.

A culpa não foi minha, Elizete.

Eu cheguei em casa e vi o Rérbert gritando, gritando muito. Descia uma gosma do nariz dele, e todo tempo ele passava a mão pra limpar e esfregava na minha mão e no meu braço, me puxando lá pra fora. Aquilo foi me dando uma vontade de dar uns tapas nele, e foi uma vontade que foi ganhando força sem eu imaginar. Foi quando ele correu pra onde queria que eu fosse que eu entendi o que estava acontecendo.

Eu já estava tonto, tomado de ódio, e vi o Rérbert apontando pra cacimba no terreno ao lado da nossa casa. Você sabe, aquela cacimba rasa no terreno da casa do Mateus e da Gislaine, quando eles ainda moravam lá. Mas era um raso ainda meio fundo, que tinha virado um depósito de entulhos. Eu juro que não joguei a Andressa lá dentro, minha rainha, eu juro. Foi o Rérbert quem me avisou, com o choro dele. Ela gritava desesperada, disse que tinha quebrado uma perna. Eu sei que o delegado disse que fui eu quem quebrou a perna dela, mas é mentira. Ela quebrou quando caiu lá dentro. Ele só disse isso porque sabe que eu já tive passagem pela polícia. O Maycol foi tentar ajudar e caiu também. Mas ele ficou bem caladinho quando caiu, acho que bateu a cabeça. Eu fiquei desesperado, já não estava mais enxergando nada direito. Só pensava em você longe de mim e na raiva que aqueles meninos me faziam sem você pra dar conta deles. Olhei pros lados e não vi nada, só enxerguei uma pá, encostada perto da porta da casa do Mateus. Eu fui lá e peguei a pá, mesmo sem saber o que fazer com ela, mesmo sem saber como ela poderia me ajudar a tirar nossos filhos lá de dentro. Se fosse uma corda... mas era uma pá, Elizete. E o Rérbert me atazanando, grunhindo, gemendo, como se estivesse me acusando.

    Aquilo foi demais, Eliz. Sim, eu bati no pequeno Rérbert, com força. Mas eu não lembro de ter jogado ele dentro da cacimba. Quer dizer, eu não joguei. Eu sei que eu estava fora de mim. Comecei a cavar, cavar toda a areia ao lado e jogar dentro, mas porque pra mim, pra mim, Eliz, era o que era o certo. O que é que eu podia fazer? Aí depois, na delegacia, vieram me dizer que eles tinham morrido, apontando dedo e tudo. Eu não matei nenhum deles, foi a queda que matou. Acredite em mim. Eu preciso que você acredite em mim como o pastor daqui da penitenciária também acreditou. Ele disse que se eu entregasse minha vida a Jesus com muita fé, e não só da boca pra fora como tinha sido antes e me arrependesse de verdade, meus pecados seriam perdoados e eu estaria salvo. E eu entreguei minha vida a Jesus, Elizete. Ele é capaz de me entender. Só Ele sabe de mim. Eu não tenho nenhuma dúvida de que estou salvo. E também os nossos filhos. Eu não quis o mal de nenhum deles, sou capaz de jurar pela alma da minha mãe.

Vem me visitar, Elizete. Por tudo o que já vivemos. Venha saber como o seu amorzinho está. Eu sei que você ainda gosta de mim. Aqui dá pra gente se amar. Tem um local reservado no dia da visita íntima, a gente pode ficar numa boa. Aí quando eu conseguir me livrar disso aqui e explicar tudo ao juiz, a gente vai ser feliz junto, do lado de fora. Eu sei que você vai me entender. Quero notícias suas. Eu preciso saber como você está, o que tem feito, que horas tem chegado em casa. Eu amo você, minha rainha.

Eu sem você não sou ninguém, Elizete. Mas também, se você não quiser me ver, saiba que pra mim você está morta.

Plantação abundante em terreno frágil

Soube hoje que um aluno meu morreu. Na verdade, ele morreu antes de ontem, mas só agora a esposa dele me ligou. A voz distante, como se ela estivesse falando do outro lado do mundo numa transmissão feita nos anos 80. É o professor Otávio? Sim, sou eu. Quem fala? Foi quando ela me contou o que aconteceu. Aquelas coisas de sempre que a gente vê a qualquer hora na televisão, basta ligar. Vai lá, ligue aí em qualquer grande emissora, agora mesmo. Lá vão estar os corpos baleados, carbonizados, esmagados, calejados, toda aquela gama de gente fudida que morre e mata nas periferias e fora delas, a todo instante.

Reinaldo, o meu aluno, é, quer dizer, era, dessa parcela de pessoas que morava em uma casa porque nunca se acostumou a morar em apartamento, nem sucumbira às casas amontoadas em condomínios fechados, numa sociedade à parte. E a gente sabe que morar em casa neste país só se você for favelado ou se for louco. Os primeiros estão a salvo deles mesmos; os segundos, coitados, ficam à mercê de qualquer ser bípede com uma arma. Se for rico, vá lá, porque pode contratar segurança particular. Mas se for um da classe média, é contar com a sorte todos os dias. Mas assim como a esperança morre, a sorte também acaba. E foi justamente o que aconteceu ao meu aluno. Carro parado na frente do portão automático, dedo no botão do controle, dois caras chegam, tomam o carro, acontece algo que a gente jamais vai saber com certeza e pá, pá, dois tiros, um de cada lado da cabeça. Talvez os putos tenham dado um tiro cada um, pouco importa, só um já teria sido suficiente. Se a gente pensar bem, ainda tiveram foi a sorte de não terem a casa invadida e saqueada, quem sabe com a família dele igualmente assassinada. Provavelmente eles não tinham como levar o que roubassem, e certamente queriam mesmo era o carro pra fazer assaltos por aí, ou estavam fugindo da polícia.

Dane-se, porque o que realmente interessa é que agora eu tenho um aluno morto.

Tudo isso seria mais um retrato igual a tantos outros no nosso país, se não fosse apenas a história oficial de uma família coberta pela vergonha.

Fui ao enterro do Reinaldo pra descobrir que nada do que me contaram era verdade. O fato certo mesmo é que ele se matou. Quem me disse isso foi a própria esposa dele, que me ligou no dia anterior e levou uns cinco minutos pra me contar a história do assassinato. Eu não sei por que menti pro senhor, ela disse, olhando para o chão do cemitério. Andei contando essa história pra tanta gente que não precisa saber a verdade, que de repente me vi contando para quem de fato precisa sabê-la. Perguntei a ela por que, no entendimento dela, eu precisava saber o que realmente acontecera. Nem da família eu sou, argumentei meio frouxamente. Ela apalpou o bolso da calça que estava usando, enfiou dois dedos, e de lá, retirou uma carta. O Reinaldo deixou cartas para pessoas que admirava. E uma delas era o senhor, professor.

Ela me passou o papel timidamente. Nele, eu recebia os cumprimentos e os agradecimentos por ter sido um professor tão comprometido, mas também fiquei sabendo que havia uma quantia em dinheiro que me seria doada caso eu resolvesse atender um pedido seu: entregar, pessoalmente, uma carta para uma mulher chamada Diva, cuja mais recente notícia dava conta de que morava numa cidade a centenas de quilômetros dali, nos confins do sul do país, chamada, numa ironia não intencional, de São José dos Ausentes. O endereço estava no papel, mas ele não sabia se a mulher ainda estava viva, como vivia, se ainda estava mesmo naquela cidade. Não podia sequer prever, por razões óbvias, se a mulher aceitaria me ver. Resolvi aceitar a empreitada não pelo dinheiro, que pouco me importava – eu sempre consegui viver com o esforço das minhas aulas – mas pelo desafio. Além do mais, Reinaldo resolvera morrer bem nas minhas férias. Eu tinha vários dias para matar, então estava tranquilo. Reli a carta. E nela, descobri ainda um outro detalhe: a esposa dele não poderia desconfiar de nada.

Viajar, eu viajava sempre. Eu costumava ir aos Estados Unidos quase todos os anos. Antes que você se pergunte como um reles professor de inglês conseguia fazer essa mágica: no curso onde eu dava aulas, até meados dos anos 90, o professor eleito como o melhor da escola ganhava, todos os anos, uma passagem de 15 dias com tudo pago para a terra do consumo; e ano sim, ano também, quem ganhava era eu. Claro que isso gerava uma inveja e uma ciumeira enorme dos meus outros 22 colegas de labuta, mas eu ganhava por mérito, visto que o único lobby que eu fazia, se é que se pode dizer assim, era dar boas aulas. Daí pros alunos votarem em mim e eu ganhar, consequência. Mas chega dessa chatice.

Malas feitas, embarquei no dia seguinte. Ninguém foi me deixar no aeroporto. Eu tinha me divorciado há poucos meses, mas nos últimos dois anos eu já vinha levando uma vida meio solitária. As inúmeras brigas que eu vinha tendo com minha ex nos tempos que antecederam a separação acabaram segregando os amigos, que por medo ou receio, deram um tempo na socialização conosco. E eu nunca quis ter filhos, sempre achei a ideia de crianças correndo pela casa algo inconcebível. Aturar criança, só se eu estiver em sala de aula, sendo pago para isso. Mas não me incomodei por estar ali só, pra ser sincero.

Quando cheguei, fui caminhar um pouco pelas imediações da pousada. Eu nunca tinha estado naquela região. Para onde eu olhava, só mato e quedas d'água. Em outra situação, eu consideraria aquilo o paraíso, mas não naquele momento, depois de mais de 15 horas de viagem, sete delas de Porto Alegre até São José dos Ausentes, seguindo por estradas parcialmente asfaltadas ou de barro. Eu estava completamente exausto. Mesmo assim, achei por bem espairecer e montar meu plano para descobrir a tal Diva, o que seria muito difícil, porque ali nada funcionava. Nem GPS, nem wi-fi, nada que lembrasse sequer remotamente a tecnologia do século XXI. De repente, eu me senti transportado para o Brasil dos anos 40. Teria de seguir até o endereço e contar com a sorte.

Foi o que fiz no dia seguinte. Saí cedo da pousada rumo ao endereço que me foi fornecido pela carta de Reinaldo. Quando cheguei, depois de apertar a campainha e bater palmas, uma senhora apareceu na soleira da porta usando um vestidinho leve, mas com a aparência de antigo, reiterando em mim aquela sensação de estar em alguma produção do cinema de época. Pois não?, perguntou, sem mostrar o corpo completamente. A senhora se chama Diva?, devolvi, sem maiores explicações. Foi o suficiente para a porta bater com força, num estrondo curto cuja leitura era clara: vá embora.

Eu voltei a bater na porta. De dentro, ouvi que ela não se chamava Diva, e que esta pessoa não morava mais ali. O "mais" denunciava algo. O problema é que naquela cidade, de pouco mais de 4 mil habitantes, quando um assunto se torna tabu, é difícil encontrar alguém que queira falar a respeito.

Sempre tive uma imaginação fértil. Comecei a pensar mil coisas. Que esta Diva tinha cometido algum crime, talvez tivesse matado alguém. Ou quem sabe, num enredo mais provinciano, talvez tivesse roubado o marido de alguém. Ou desviado dinheiro da prefeitura e sido descoberta. Parece que enfim, depois de muitos anos, está na moda descobrir de onde vem a corrupção no Brasil, vai que.

Não demorou muito, entretanto, e as pessoas do local começaram a soltar algumas frases soltas, risinhos nervosos ou jocosos, mas ninguém engatava um diálogo sobre o assunto. Percebi que alguns dos locais não faziam isso por falta de vontade, mas por se sentirem incomodados a falar sobre a tal Diva na frente de outras pessoas.

Foi então que decidi ir ao lugar onde com certeza conseguiria alguma informação. Juntei-me a uns homens que bebiam num bar não muito longe de onde Reinaldo havia dito na carta que ela morava. Expliquei que estava ali numa espécie de missão. E que precisava da colaboração deles pra chegar ao meu intento. Então um deles se virou pra mim e perguntou, E pra que é que o senhor quer o endereço da mulher-macho? Ao invés de respondê-lo, eu insisti em saber onde ela morava, o que acabei descobrindo com o próprio dono do bar, que me disse a contragosto, como uma forma de encerrar aquele assunto. Quem diz que são as mulheres que gostam de abrir o bico e falar da vida alheia com certeza nunca viu um bando de homens reunidos perto de uma mesa onde tenha álcool. Ainda que de forma mais refreada, sempre sai alguma coisa.

    A tarde já ia alta, e a pousada onde fui hospedado pela esposa do Reinaldo não era exatamente dentro da zona urbana, mesmo assim, resolvi ir lá. O clima estava agradável, ameno. São José dos Ausentes tem invernos rigorosos, com geada e temperaturas abaixo de zero, mas felizmente, era primavera. Mesmo assim, pra quem era de onde eu vinha, mesmo aquele clima era algo incomum.

    Bati em outra porta e esperei pacientemente o que viria de lá. Quando já estava prestes a bater novamente, a porta se abriu e, bem à minha frente, uma mulher pelo menos um palmo maior que eu se materializou bem diante de mim. Olhei para cima e disse, Boa noite, meu nome é Otávio, estou vindo aqui em nome de Reinaldo. Assim, escritas, essas palavras todas parecem coesas, mas não foi dessa maneira que elas saíram. Eu ainda estava nervoso com a beleza estonteante daquela mulher, que em nada parecia com a população local. Ela não era dona de uma beleza extravagante, mas tinha algo nela que não lembrava o tom interiorano de tudo à minha volta. Suas roupas eram modernas, e ela usava algo no rosto que causava um certo estranhamento, como se estivesse de saída. Mas para onde?

    Ela olhou pra mim e não disse nada. Ficou me olhando longamente. Como ela não proferisse palavra alguma, tirei do bolso o envelope que eu deveria entregar a ela, que o recebeu e abriu, ainda calada. Dele, retirou duas cartas. Numa, "Para Otávio"; na outra, "Para Diva". Ela me entregou um dos papéis, e segurou o seu defronte a si, encobrindo parcialmente o rosto. Até então, ela não me convidara a entrar, não esboçou um gesto, absolutamente nada. Leu sua carta ali mesmo, em pé, pacientemente. Então, olhou pra mim e disse, à queima-roupa, Você não lembra mesmo de mim, Otávio? Eu mal havia começado a leitura da minha nova carta, o que acabei fazendo somente muitos dias depois. Confuso, levantei minha vista e olhei para Diva. Foi então que lembrei de toda a história.

Atordoado, voltei para a pousada. Então era isso, eu tinha viajado mais de 3 mil quilômetros para ser um joguete num plano de vingança do meu próprio aluno-defunto? Sim, aquilo era uma maldita vingança, ardilosamente perpetrada por uma mente insana. E eu caí direitinho. Fazia tanto tempo, tanto tempo, que eu nem me lembrava mais de nada. Tudo o que dizia respeito àquela que hoje se chamava Diva já estava completamente enterrado num passado de mais de dez anos. E agora, aquilo.

Caminhei a passos largos. Pedi que encerrassem minha conta, e que chamassem o carro para me levar ao aeroporto o mais brevemente possível, o que só poderia acontecer pela manhã, já que ficava em outra cidade. E mal havia escurecido. Eu começava a me desesperar. De repente, o som do vento forte, dos grilos em toda parte, aquela sensação de isolamento e coerção me pareceram uma antessala do inferno. Amaldiçoei meu ex-aluno, sua esposa, e tudo o que me fizera chegar até aquele lugar.

Quando eu estava prestes a levantar para apagar a luz e ficar ali quieto, no escuro, o telefone na minha cabeceira toca. Alô, eu disse, exasperado. Era da recepção. Olha, chegou uma encomenda aqui para o senhor, disse a mulher do outro lado da linha. Eu mal podia acreditar. Que porra é essa, gritei para ela, que não deve ter entendido nada da minha ira. Fui lá pegar. Era uma caixinha onde caberia no máximo um anel. Havia uma chave enrolada num bilhete que trazia uma pequena afirmação: Só eu sei do seu segredo, Otávio. E a solução para esse enigma se encontra na minha carta, e não na sua. Mas não se preocupe. Enquanto eu estiver viva, ele estará bem guardado comigo.

Amassei o bilhete e deitei. Não consegui pregar os olhos, e no outro dia eu já estava de prontidão na pequena recepção daquele buraco no fim do mundo, pronto pra fazer o caminho de volta e esquecer que um dia eu havia pisado naquele lugar.

Diva caminhou pela sala de sua casa em direção ao telefone, que já tocara umas três vezes. Ela sabia exatamente quem era. Mesmo assim, não foi logo dizendo o que tinha para dizer. Esperou a confirmação de que era quem de fato ela pensava e disse, Deu tudo certo. Ele veio mesmo aqui. Eu nem precisei dizer nada, apenas perguntei depois de um tempo se ele não sabia quem eu era, e foi como se eu destravasse toda a informação de dentro dele. E agora ele sabe que eu não morri.

Cheguei na tarde do dia seguinte. Meu corpo já não aguentava mais o próprio peso, minha mente parecia estar prestes a se autodesligar, mesmo assim, eu só conseguia pensar no que acontecera em São José dos Ausentes.

Assim que abri a porta do meu apartamento, havia um bilhete debaixo da porta: Gostou do que viu na viagem, professor? Eu não sabia, mas aquilo era só o começo de uma espécie de assédio que me convocava ao abismo no qual tentariam me lançar nos dias subsequentes, quando comecei a receber caixas e envelopes com roupas íntimas, enviados pelos Correios para o meu endereço. Em alguns deles, um bilhete com a frase "Diva manda lembranças", escrito à mão.

Mesmo correndo riscos, liguei para a mulher do Reinaldo. Aliás, pensei em ligar, mas decidi ir até onde ela morava. Estacionei meu carro e me dirigi à portaria. Ela não me autorizou a subir, mas disse que desceria pra falar comigo. Achei aquilo estranho. Mas eu já estava achando coisas demais estranhas, então aquilo era nada.
Pois não, professor Otávio, disse, ainda de longe. Eu não perdi tempo com conversinha de comadre, Olá, como vai? Tudo bem e você?, nada dessas babaquices que a gente pergunta por perguntar quando vai passando mas não faz a menor questão de saber. Escuta aqui, dona Ângela, o que é que a senhora sabe dessa carta que o Reinaldo me deixou? Nada, ela disse, com um olhar confuso. Aquele homem que estava ao meu lado quando eu lhe passei a sua carta era advogado do Reinaldo. Eu abri a caixa contendo todas elas na frente dele, e ele estava ali pra fazer uma espécie de auditoria e garantir que só o dono da carta iria ver e ler a sua. Fazia parte do último pedido dele, segundo o advogado. Aconteceu alguma coisa que eu deva saber? Eu ainda não havia reparado, mas eu estava segurando a mulher do Reinaldo pelos pulsos. Ela não reclamou de dor nem tentou se desvencilhar, mas quando me dei conta disso, soltei-os. Neste caso, não há nada em que a senhora possa me ajudar. Dei as costas e saí. Eu queria distância daquela vadia, até porque, eu tinha reparado pelos olhos dela – e disso eu entendo bem – que ela estava mentindo.
Assim que entrei no carro, lembrei da carta que Diva me entregara, a que estava no mesmo envelope junto com a dela. Ela deveria estar em algum lugar no meio das roupas, dentro da mala. Voltei o mais rápido que pude para casa, abri a mala com ansiedade, arfando, e encontrei o papel semi-amassado, jogado lá dentro. Em poucas palavras, de-

pois de um longo parágrafo apenas enchendo linguiça com agradecimentos por eu ter ido até lá, por ter topado aquela história toda, a carta dizia que Reinaldo não havia sido meu aluno por acaso. Ele na verdade havia feito parte do grupo que, há mais de dez anos, havia me investigado por um crime que eu não cometi, como demonstraram as evidências que meu advogado conseguiu juntar.

Segundo a polícia, eu havia assassinado a golpes de faca Silvana dos Santos e mais três amigas. Eu não tinha álibi, mas eu sabia que não era eu o criminoso.

O que eu não poderia prever é que uma das amigas assassinadas era uma travesti filha de um deputado federal, que mesmo não morrendo de amores pela filha morta, mandou que o culpado fosse apagado. E para a polícia, o culpado era eu, que tinha pego as amiguinhas numa comilança na mesma cama, entre elas. Todas eram travestis, inclusive a Silvana, com quem eu namorava há vários anos.

No mais, ele indicava na carta onde estava o dinheiro que me prometera caso eu topasse entrar no jogo dele. E ainda ironizava: "Só não sei se você vai ter como gastar". Foi burro, porque indicou que havia alguém de tocaia me esperando. Na verdade, mesmo que ele não tivesse dito isso, eu não ia atrás desse dinheiro, eu que não sou doido de arriscar meu rabo à toa.

Ainda com um sorriso nos lábios, o homem sentado na poltrona, àquela altura já reclinada, atendeu a ligação. Ele sabia quem era, mas jamais poderia mencionar seu nome ao telefone. Por isso, disse apenas Boa tarde, deputado. Do outro lado da linha, o homem disse, Parabéns pelo trabalho, cara. Agora é só uma questão de tempo até enjaularmos aquele filho da puta. Ele vai ficar cada vez mais louco. E eu quero deixá-lo cada vez mais confuso. Enquanto eu não tirar toda a sanidade daquele animal, Reinaldo, eu não poderei repousar. E eu hei de morrer lúcido, como antes dele fazer o que fez com minha filha.

Muito porque eu estava atordoado, os momentos de iluminação pareciam vir em *flashes* ocasionais. De repente, eu fazia algo e lembrava de alguma outra coisa que podia me ajudar neste imbróglio que de uma hora para outra se tornara a minha vida.
Diva havia dito que sabia do meu segredo. Na verdade, ela sempre soube que eu era um cara casado. Nunca escondi isso dela. Ela também sabia que eu tinha três filhas. Quando o crime do qual fui acusado aconteceu, eu já estava divorciado, e minha ex-mulher e filhas já tinham ido morar fora do Brasil. A gente não se separou por causa da Silvana/Diva. Minha ex-mulher nunca soube de nada. A gente se separou porque eu comecei a broxar, mesmo. A verdade é que eu não estava conseguindo dar conta das duas, e uma era muito mais interessante pra mim. Eu não queria mais papo com ela, sugeri o divórcio e ela aceitou. O que acontecia era que a gente estava num processo de brigas por conta de bens, e de vez em quando ela tinha que vir ao Brasil. Era uma briga dos infernos, que já estava ficando muito maior do que eu imaginara.
Então, compreendi qual era a chave do enigma.

Dois dias depois, chega um bilhete novamente no meu endereço: ou você se entrega à polícia, ou sua mulher e filhas vão ficar sabendo de tudo.
Este era o segredo que a Silvana havia dito que "estava seguro" com ela. Estava mesmo? Então, se não fosse ela que iria contar tudo e abrir o jogo, quem estava me mandando

aqueles bilhetes? Claro que eu não podia confiar na palavra daquele traveco, mas algo me dizia que ela não agia sozinha. Eu sabia que ela era ressentida. Quando minha ex-mulher foi embora com as meninas, ela quis que a gente adotasse uma criança. E eu disse que não. Tá louca, Silvana? Eu nunca fui pai nem das minhas, vou criar filho dos outros?

E era verdade. Cresci sem conhecer minhas filhas. Minha mulher é que era a dona do dinheiro, colocou todas três numa escola de tempo integral. Queria que eu morasse com ela. Mesmo assim, a gente morava em casas separadas, e nenhum dos dois tinha a chave um da casa do outro. Se eu fizesse isso, iria abrir mão da minha liberdade – e era só uma questão de tempo até ela pegar a Silvana aberta e de pau duro em cima da minha cama. Não, fora de cogitação. Essa história de dar o golpe da barriga, hoje em dia, só se a mulher for muito apaixonada ou muito burra, o que via de regra é a mesma coisa. Criança não segura casamento. Aprendam de uma vez por todas.

Eu não sei quanto tempo eu tinha para pensar no que fazer. Mas sabia que precisava agir, não ia pagar de otário e ver minha vida desmoronando daquela maneira e ficar inerte.

Fui à escola onde dava aulas e pedi demissão. Fizemos um acordo, eu recebi uma bolada. Em uma semana estava tudo resolvido e eu estava com o dinheiro no bolso, sem burocracia.

Comprei uma passagem para o Uruguai, onde eu sempre quis morar. Iria viver com minhas economias frugalmente, quem sabe desse aula particular aqui, acolá, quando a coisa apertasse.

Foi só quando estava no aeroporto, prestes a fazer o *check-in*, que vi aquele monte de policiais se aproximando de mim como abelhas. Marco Severo, o senhor está preso por assassinato triplamente qualificado e uma tentativa de assassinato, falsidade ideológica e um monte de merda que eu nem lembro mais.

Estou sendo acusado, e dessa vez dizem que têm provas do assassinato da traveca filha do deputado federal, das amiguinhas dela e do quase assassinato da minha ex.

Soube na delegacia que os movimentos sociais que defendem essas putas estavam no encalço da polícia, cobrando resultados.

Diva já esteve aqui na cela, Ângela também, mas o que mais me surpreendeu foi ver Reinaldo ressurgindo dos mortos. Todos riram e cuspiram na minha cara. Reinaldo ainda disse que eu ia pagar por ter feito Silvana entrar no Programa de Proteção à Testemunha, ter que mudar de nome e de cidade e ter sido humilhada por tanto tempo pelos provincianos locais. Que eu levei azar porque ela escapou, fingindo-se de morta. Foda-se. Aquilo já estava virando uma reunião espúria pra me escorraçar. Só o deputado não apareceu. Provavelmente foi ele que patrocinou toda essa investigação, inclusive o *mise em scène* do cemitério onde Reinaldo supostamente estava sendo enterrado. E provavelmente a justiça não iria gostar de saber dos meios que eles se utilizaram para chegar até mim, por isso ele continuará nos bastidores. Que país de merda, este.

Sei que vão dar cabo de mim em breve, por isso resolvi escrever estas linhas, que serão entregues ao meu advogado. Tudo o que está dito nelas, caro leitor – tudo – foi escrito por mim. Junte os pedaços, e talvez você consiga entender como o quebra-cabeça se encaixa. Pouco me importa o que você vai pensar de mim. É a minha versão da verdade. E é com essa verdade que eu vou morrer, ainda que ninguém acredite.

Sítio arqueológico

Havia dito à mulher, Quando eu morrer quero ser enterrado do jeito que meu corpo for encontrado. A mulher parou na frente da geladeira com a porta aberta (impensável se o que tivesse ouvido não fosse tão absurdo para os seus ouvidos a ponto de tê-la paralisado) e estacou antes de colocar a mão na garrafa d'água. Que conversa é essa, Adalberto, endoidou de vez? Eu estou falando sério, disse ele. E isso vai servir pra que, homem de Deus? É tão mais simpático com as mãos sobre o peito, um terço bem colocado ao redor do pescoço, segurando uma flor branca ou amarela, naquela posição de quem parece que nunca pecou na vida... Sem contar que dá menos trabalho pra quem for arrumar o corpo, é o que todo mundo já sabe como fazer, pra que essas invencionices? Eu não estou inventando nada, Rosani. Li numa revista que encontraram aí uns faraós no Egito que eram enterrados com todo o seu tesouro, pertences pessoais e até com seus animais de estimação. É bom que vai servir pras gerações futuras de arqueólogos entenderem como funcionavam as coisas no nosso tempo, o tempo de hoje. Que geração de arqueólogo o quê, Adalberto! E desde quando o povo anda se enterrando desse jeito aí que tu quer? Tu vai é confundir a cabeça desses cientistas. Todo mundo enterrado bem direitinho, arrumado, e tu lá, de cabeça pra baixo feito morcego, eles não vão entender nada. Vão entender que tinha muito era pobre cheio de excentricidade. Tinha aprendido a palavra excentricidade recentemente e gostou de poder usá-la. Adalberto ficou parado, olhando bem sério para sua esposa. Depois de quase um minuto, disse, Não interessa. É o meu desejo e eu gostaria que ele fosse atendido.

Acontece que o pobre Adalberto morreu ao reagir a um assalto. Testemunhas disseram que dois bandidos chegaram e mandaram ele sair do carro, um Opala preto que mais parecia um barco, com o qual ele quase nunca saía de casa porque era difícil achar uma vaga onde coubesse um carro dos anos 70 nas ruas de hoje. E no dia que ele resolveu sair, para se matricular numas aulas de natação – estava tentando deixar de fumar e queria se exercitar –, a tragédia. O carro era o grande xodó do Adalberto. Ele tinha mandado até vídeo para um programa na televisão que se propunha a dar uma turbinada total no carro por dentro e por fora, coisa que ele nunca teria dinheiro para fazer, mas jamais fora chamado. Só que ele não se desfazia do veículo de jeito nenhum. E acabou morrendo por causa dele. Adalberto saiu do carro com as mãos para cima, num gesto de rendição, e em um segundo de descuido de um dos bandidos, tentou tomar a arma dele, mas o outro foi mais esperto, deu um grito, Adalberto ergueu a cabeça e levou dois tiros na testa. Caiu no chão com as mãos levantadas para o alto; mais do que rendido, morto.

Estava criado o problema para a dona Rosani.

Ainda muito chorosa, ela se dirigiu para a funerária, onde comunicou para a agente funerária o problema no qual se enfiara. Você entende, minha filha? A vendedora fez que sim com a cabeça, enquanto pensava que naqueles oito anos desde que começara a trabalhar ali, nunca tinha ouvido uma sandice maior. Mas a senhora tem de compreender, começou a moça, que seu esposo já não era um homem baixo. Quanto ele tinha mesmo?, disse para si mesma, folheando uns papéis. Um metro e setenta e seis... bom, com os braços para o alto ele chega a mais de dois metros, dona Rosani. Vai ser bastante complicado arranjar um caixão deste tamanho, bem como um jazigo para enterrá-lo. Quer dizer então que se morresse um desses jogadores de basquete que a gente vê na televisão ele não ia poder ser enterrado? E iam fazer o que, mumificar o cadáver e colocar num museu? A vendedora não alterou o semblante, Verei o que pode ser feito e daqui a pouco lhe dou um retorno, tudo bem?

    Em casa, na companhia da filha que viera da França – onde morava – para o enterro do pai, tentava decidir o que fazer. Jakeline já havia dito que o que a mãe achasse melhor, por ela não teria problema. O que queria mesmo era que o enterro acontecesse logo, tinha que voltar para Paris, onde trabalhava como secretária de um dono de restaurante. Sabia que se demorasse muito colocaria o emprego em risco. Ouviu quando o chefe disse para seu outro secretário, Que ela não me chegue aqui com um bronzeado. Nunca tivera muito apego aos pais desde que fora expulsa de casa por eles ao engravidar quando tinha quinze anos. O tempo passou e a mágoa se esvaneceu, mas amizade verdadeira, nunca mais. Com sua ida para a França, os pais ficaram com a criança pra criar, mesmo assim, somente mensagens de telefone e e-mails, trocados com a mãe ocasionalmente, garantiam um elo com a família e com o país.

Essa era a primeira vez que ela vinha ao Brasil depois da morte do filho. A criança havia morrido por causa de uma queda. Morando sozinhos e sem muito tempo para dar conta de cada passo do menino dentro de casa, Rosani cuidava da cozinha e das roupas estendidas no terreiro, enquanto Adalberto tossia descontroladamente dentro de uma rede, isolado num quarto no fim do corredor, ainda se recuperando de uma gripe que evoluíra para uma pneumonia e que o deixara sem forças nem pra empurrar a rede com o pé na parede; por sinal repleta de marcas do tempo em que saúde era algo que ele tinha para distribuir.

O menino perambulava pela casa como se fosse o dono. Tirava tudo de lugar, revirava almofadas, derrubava enfeites, riscava móveis e paredes. Foi quando olhou um pouco para cima e viu a televisão ligada. Quem observasse a realidade daquela casa diria que o botão de liga/desliga havia sido arrancado. Por isso era de se admirar que aquele barulho ininterrupto houvesse chamado a atenção da criança. De qualquer forma, o menino tentou pegar nas imagens da TV, não alcançou, colocou um dos pés no móvel, ganhou altitude e se agarrou ao aparelho com força. Mas o peso do seu corpo aos três anos e a vontade de subir no móvel eram incompatíveis. O menino caiu no chão, trazendo junto consigo a televisão, e foi aí que ele morreu de uma queda. Da queda da televisão em cima dele. O peso do objeto sobre sua cabeça o matou na hora. Alguém da vizinhança fez correr a tragédia, e pouco tempo depois já havia um repórter na frente da casa dos pais-avós da criança. Atônitos, copo de água com açúcar nas mãos trêmulas, e o homem lá a lhes tentar arrancar respostas. Foi dona Dalva, líder da comunidade, quem botou o homem da televisão pro meio da rua. Tomou cuidado ao comentar com uma das mulheres que estavam na casa velando o corpo, ainda coberto por um lençol, Como se qualquer um dos dois ainda aguentasse ver alguma coisa relacionada à televisão depois do dia de hoje! Em qualquer parte da pequena casa só se ouvia a tosse de Adalberto, que pra piorar não chegava perto de Rosani, com medo de contaminá-la. Choravam, separados, a mesma dor, e olhavam incrédulos para a mesma ferida.

Nunca mais viram televisão. Os vizinhos quiseram fazer uma rifa para dar outro aparelho de TV para eles, mas Rosani, agradecida, disse que se essa ideia fosse pra frente, ela faria uma doação. Adalberto mandou todo mundo enfiar a TV no cu. Cancelaram a rifa.

Jakeline estava muito bem, obrigada, na França; tinha acabado de fazer 19 anos e nunca se importara com o filho. Mas era dever deles contar. Isso é verdade ou vocês estão só destilando ódio em cima de mim mais uma vez? A voz monocórdia vinha do outro lado do oceano. Eles confirmaram, É verdade. A gente não tem idade para brincar com uma coisa dessas, que absurdo, Jakeline. Mal a mãe terminou a frase, a resposta, Enterre-o onde quiser. Eu não era a mãe dessa criança, não fui eu quem a perdi. E desligou, sabe-se lá depois para ir ao encontro de quais dores.

Ao receber a notícia da morte do pai, catorze anos após a do filho, achou por bem vir para o enterro. Ela sabia o que sofrera sozinha no estrangeiro com um marido que a julgou o tempo todo por ter ficado lá quando da morte do filho; andou excedendo na bebida e acabou na terapia, ou como ela dizia, começou na terapia. Recomeçou. Mas era tudo muito frágil, não pensava em entrar nessa espiral novamente. Ainda mais agora que buscava não se ausentar de si depois de um divórcio desgastante.

Era preciso dar um destino ao corpo do marido, o IML já havia dito que, ao final do prazo, se nada fosse feito, ele seria enterrado como indigente. Eles estão loucos se acham mesmo que meu marido vai pra vala!, vociferou para a filha.

Só que agora ela tinha outro problema: devolver ao corpo do marido a posição na qual ele havia sido morto, já que ele precisara passar por uma autópsia e seus braços haviam sido colocados junto ao corpo.

Decidiu-se por um velório em casa, à noite. Era a forma de torná-lo curto e despistar os curiosos. Com pouco mais de hora e meia, Rosani enxotou todo mundo de sua casa, disse que agora queria velar o corpo em paz, só ela e a filha. As pessoas se dispersaram. Silêncio.

Me perdoe, Senhor, mas eu vou atender o desejo do meu marido! E usando da própria força, fez o que pôde para colocar os braços de Adalberto para cima. Estavam duros, muito rígidos, mas as incisões feitas no corpo durante sua estadia no IML e o tempo decorrido após a morte a ajudaram. Ao fim, disse para si mesma, Tenho certeza de que não ficou exatamente como você queria, mas tenha a certeza de que eu fiz o que deu.

Adalberto continuava deitado no caixão, os braços levantados, como se a qualquer momento ele fosse se apoiar numa barra de ferro e se levantar dali.

O buraco também só fora feito depois que escureceu. Ao ser perguntada sobre o sepultamento, Rosani desconversava, Ainda não resolvi com a funerária.

Nem iria, nunca. Como jamais poderia fazer um enterro de pobre tal como o marido desejava, e estava aguardando uma resposta da mulher da funerária até agora, Rosani não teve dúvidas: pediu a ajuda da filha. O jeito era enterrá-lo no quintal. Por serem as casas do conjunto muito próximas umas das outras, o negócio era fazer o enterro sem muita demora, Como quem enterra um gato morto, disse a filha. Mas era uma boa ideia. E àquela hora, não teria como ser acusada pelo chefe de ter ido para a praia. Ainda de madrugada, pegaria um táxi e rumaria ao aeroporto.

Rosani e Jakeline depositaram o caixão aberto no buraco e devolveram toda a areia para dentro.

É óbvio que as pessoas pela vizinhança entenderam o que havia ocorrido na casa de Rosani e Adalberto, mas os anos se passaram e ninguém jamais disse qualquer coisa. Um e outro, ou por ingenuidade ou se fazendo de inocente, apenas comentavam com a viúva sobre não ter podido ir ao enterro. Sorte sua, ela respondia, Foi um evento muito do chato.

Ela passou a cultivar um jardim no quintal onde estava o marido. Todos os anos, no aniversário de sua morte, ela enterrava algo que pertencera a ele no mesmo lugar. Num ano, um álbum com fotos, no outro, calçados e cuecas, ou ainda seus perfumes e cremes pós-barba. Não havia rosas mais bonitas em todo o conjunto habitacional, tamanha sua dedicação. Quando perguntada sobre o seu súbito amor por aquele quintal, dizia apenas, Ele me faz feliz.

Quando adoeceu, deixou num papel as palavras, Quero ser enterrada com as minhas rosas. Não se tratou, não buscou melhorar. Amofinava a olhos vistos, e sempre que alguém conversava sobre o passado com ela, referia-se à filha com um É uma verdadeira puta metida a francesa. E ao marido como Um cachorro sarnento. Dizia tudo isso entre risadas que acabavam em tosse e falta de ar.

Jakeline nunca mais dera notícia. Quando Rosani morreu, não ficou sabendo. Ela foi enterrada como indigente pelo estado, longe de Adalberto e suas peculiaridades.

Sobre a terra onde foi enterrada, uma rosa nasceu. E não havia dia que se passasse sem que alguma estrela iluminasse os terrenos distantes onde um e outro se encontravam. Eram indigentes em quase tudo, menos naquilo que lhes era essencial: toda a arqueologia de que era constituído o seu amor, que jamais seria escavado, que dirá estudado, por vivente algum.

O museu errático das pequenas virtudes

No dia em que Fátima deliberadamente diminuiu a quantidade de remédios que o marido precisava tomar todos os dias, ela havia ido ao cabeleireiro, feito as unhas das mãos e dos pés e sentia-se completamente em paz consigo mesma. Ela jamais saberia explicar como e por que tomou a decisão de cortar boa parte daqueles remédios, mas após o AVC que quase o levou, quando chorava sozinha no quarto à noite, depois que a enfermeira já havia saído (nos primeiros anos ela podia tomar conta dele sozinha durante a noite, ou ao menos era isso que ela gostava de pensar), ela conseguia elucubrar algumas hipóteses. Talvez fosse porque ele vivia se queixando de queimação no estômago, sonolência, fortes dores de cabeça e, de vez em quando, diarreia. Quando ela ia ao médico com ele, nada mudava. O médico até substituía um ou outro medicamento, mas os resultados eram os mesmos.

Podia ser também tudo isso somado ao dia em que ele se virou para a esposa e disse, Fátima, eu não aguento mais tanto comprimido. Quase trinta, manhã, tarde e noite. Eu não tenho mais paz. Minha vida se tornou uma eterna ida à farmácia. Ao que ela respondeu, Você deveria ficar alegre, podia ter que tomar tudo isso de supositório por dia, já pensou? Geralmente ele sorria das besteiras dela. Gostava de pensar que foi o seu senso de humor que os unira, inicialmente. Naquele momento, porém, quando ambos já estavam bem próximos dos 80 anos e as agruras físicas se acumulavam, suas tentativas de fazê-lo rir não pareciam mais ter muito efeito.

E haviam sido felizes, desde a década de 40, quando se conheceram e se casaram. Um dia, muitos anos depois de terem descoberto a impossibilidade de serem pais, Fátima aconchegou-se na cama mais perto do marido e disse-lhe, Jerônimo, quero que você saiba de uma coisa. Ele apenas virou o rosto para o lado de onde vinha a voz, no escuro. Ela tomou coragem para dizer o que queria, e disse. Eu nunca quis muito ser mãe. Ele sorriu. Depois, riu. E por que você está me dizendo isso depois de todo esse tempo?, perguntou ele, ainda rindo. Porque eu quero que você saiba que eu serei feliz com você. Eu sempre quis você, e não quem pudesse vir da nossa relação, foi o que disse a ele, de forma assertiva.

Na mesma conversa, ele confessou a ela que também não queria ser pai, mas que, até ela dizer aquilo, de vez em quando ele se sentia culpado por não poder dar uma prole a ela. Segundo os médicos, sua baixa contagem de espermatozoides não engravidaria nem a mais fecunda das mulheres. Passados os medos de confrontar algo que parecia ser um muro entre eles, viveram toda a sua juventude sem grandes preocupações. Jerônimo acabara se aposentando com um salário bastante bom e Fátima, que nunca havia trabalhado, tinha mais do que queria junto com o marido para usufruírem daquilo que desejassem.

Até que começaram a vir os primeiros sinais de decrepitude. Fátima começou a sentir umas tonturas matinais, pressão baixa e a respiração mais difícil, como se endurecida. Passou a tomar remédios para esses sintomas após uma ida ao médico, que lhe recomendou exercícios leves. Mais ou menos na mesma época, Jerônimo, que era dois anos mais velho, também começou a queixar-se de dores nas juntas, taquicardia e picos de pressão alta. Foram juntos ao médico. Ela descobriu que estava com uma leve anemia, perfeitamente contornável. Seu marido, entretanto, tinha problemas bem mais graves. Havia algo no seu coração que não funcionava muito bem, ele tinha que parar urgentemente de comer comida com sal, estava ficando cego de um dos olhos e era diabético. Num dos momentos mais difíceis, ele chegou a confessar para a esposa, Minha vida acabou, Fátima. E naquele momento, aquilo lhe parecia verdade. Não poder mais comer os doces que tanto adorava, nem as comidinhas com um pouco mais de sal, nem fazer suas leituras diárias, tiravam-lhe completamente o prazer de viver. Ora, deixe de frescura, homem! Não está vendo que isso é só mimimi? Logo mais você se acostuma, e vai estar achando é bom viver uma vidinha sem excessos. E se seu olho não puder ser operado, eu leio pra você.

Estava então combinado. Ele passou a ver um pouco mais de graça em seus dias, embora, muito consigo mesmo, estivesse determinado a não ter que viver mais no dia em que começasse a viver uma "vidinha". Nunca gostara de diminutivos, não ia ser agora, na última curva da vida, que isso iria mudar.

De vez em quando, enquanto viam TV, ele olhava para a esposa e perguntava, O que foi que ele disse? E ela repetia, pacientemente, o que havia sido dito, para então ele dizer,

Eu havia entendido. Era só pra checar se *você* ainda está ouvindo direito, porque um cego e o outro surdo na mesma casa, não pode dar certo, eu iria pedir o divórcio. Fátima ria.

Foi então que a quantidade de comprimidos diários começou a aumentar. E estarem sozinhos dentro de uma casa, repletos de limitações, não ajudava em nada a situação de Jerônimo. Mulher, chame o Roberto. Preciso sair mais de casa. Roberto era o sobrinho deles, que vinha fazendo as vezes de filho durante os últimos vinte anos. Fátima não hesitou nem por um instante.

Juntos, iam eles dois e mais Roberto e a esposa, que também não tinham filhos – por opção – tomar sorvete na orla da praia, ver o movimento dos carros, ver a vida acontecendo. Nada disso, porém, fez com que suas obrigações diárias com comprimidos e cápsulas fossem reduzidas.

A paz, que só reinava aparente mas tinha tentáculos no inferno, fez com que um dia, após o café da manhã, Jerônimo anunciasse, Mulher, vou ser escritor! Pediu à esposa para comprar uma resma de papel, porque ele iria ditar para ela as suas memórias. Foi no meio de suas lembranças de guerra, suas dificuldades para terminar os estudos, a mudança para a capital, quando conhecera a mulher que viria a ser sua esposa, que estava na cidade grande em férias, a ausência de filhos, os primeiros empregos, que Jerônimo começou a contar sobre as mulheres que tivera na vida. Fátima sempre perguntava, Em que ano foi isso, meu bem?, mas nada dele responder. Cada vez que ela perguntava, ele apenas dizia, Vai anotando, vai anotando, não quebre meu raciocínio! E como ele não contava os fatos em ordem cronológica, Fátima não tinha como ter certeza de suas suspeitas. Para complicar, eles haviam namorado dois anos apenas por carta, porque ele já estava na capital e ela ainda morava no interior. Tudo poderia ter acontecido naquele período. Suas memórias caóticas e esparsas eram um convite à confusão. E havia coisas das quais ela nunca soubera, ou não lembrava. E outras que ela sabia que ele estava claramente apenas fabricando.

Tomado o último remédio do dia, Jerônimo perguntou, E aí, minha velha, que você tem achado? Por enquanto, nada. Estou gostando desse seu exercício, mas está tudo muito confuso, respondeu. A ideia não é ser linear mesmo não. Eu só estou me livrando do Alzheimer... – disse ele, sorrindo. E aquela história da viagem de navio que fizemos para comemorar nossos trinta anos de casamento? É porque ainda vamos fazer?, inquiriu Fátima. Ora, e não fizemos?, perguntou Jerônimo, uma sobrancelha erguida. Meu amor, a vez que eu estive mais perto de um navio foi em 1998, quando fomos ao cinema depois de quase dez anos, pra ver *Titanic*!

Àquela noite, Fátima foi para a cama angustiada. O quanto daquelas memórias seriam realmente invenção e o quanto seriam verdade? Certamente, havia coisas que ela lembrava bem, ou que ele já havia lhe contado em outros momentos. Mas estaria seu marido deliberadamente tentando desnorteá-la ao narrar suas histórias de forma desconexa? A impressão que ela tinha era a de que ele tentava contar-lhe coisas relativas ao passado, revelar-lhe, indiretamente, antigos segredos. Se fosse este o caso, o que ela deveria fazer com essas informações?

Absolutamente nada, foi o que disse a si mesma. Compreendia que quase cinquenta anos depois de casados, havia mais coisas entre ambos do que um eventual passo dado fora da reta. Sabia da cumplicidade que tinham, da amorosidade, e do quão recíproco era o sentimento do que viviam.

Se fosse algo que tivesse acontecido na juventude, lá pelos anos 50... mas agora, agora não fazia sentido questionar.

Colocou essas reflexões na cabeça, apagou sua angústia inicial e dormiu tranquilamente naquele dia; sequer acordou para urinar, como sempre fazia. E acordou decidida a mudar o corte de cabelo, pintar as unhas e cuidar-se como há muito tempo não fazia. Estava determinada quanto ao que queria fazer; na verdade, fora resoluta a vida inteira.

Quando voltou, o marido elogiou-a como nunca, pediu para que ela se sentasse com ele depois do jantar, porque queria continuar a ditar seu livro, ao que ela se prontificou sem questionar.

Quase seis meses depois, eles tinham um calhamaço de mais de 800 páginas sobre a mesa do quarto onde haviam outros livros empilhados e para onde, atualmente, raramente iam. A velha rotina voltara a se instalar na casa de Fátima e Jerônimo. Contada a sua história, dizia, podia desaprender a viver. Seu corpo já não representava mais nada; seus achaques, muita coisa. Jerônimo via-se como uma obra muito antiga e deteriorada, que trazia dentro de si algumas coisas boas. Nunca fora dado a grandes coisas na vida, tinha algumas poucas ondas dentro de si, que terminavam miúdas à beira da praia. Para alguns, isso era muito. Se lhe bastava, então era o suficiente.

Num arroubo qualquer em um dia em que ele reclamara no que ela julgou ser demasiado, achou que ele andava deprimido por estar tomando remédios demais. Fez, sozinha, as contas das quantidades de cada remédio que o marido tomava. Retirou um ou dois de cada prescrição, e passou a entregar-lhe apenas aquele punhadinho mirrado, que se provaria insuficiente e fatal. Mas ela estava bela – nunca mais deixara de ir rigorosamente ao salão de beleza – e não apenas a beleza, mas o sentir-se belo, pode ser também uma visão muito particular, e incongruente, do que seja a verdade. E é nessa hora que a razão pode se esvanecer, como o movimento das águas ao redor de uma pedra lançada num lago.

Pouco mais de três meses depois da drástica redução da medicação diária, Jerônimo acordou gemendo. Não conseguia movimentar-se, não conseguia articular as palavras. Fátima correu para o telefone, chamar uma ambulância do plano de saúde. Para uma casa silenciosa como a que eles dois viviam, a passos curtos e lentos, de repente o barulho do abrir de gavetas em busca de cartões, o tatear nos móveis a procurar pelos óculos e pelo interruptor do abajur lateral, os pés procurando no chão pelas chinelas, num ato-contínuo que nem a emergência a fez desligar, parecia, aos ouvidos de Fátima, que estava numa feira. Dentro de sua cabeça, todas as possibilidades girando enquanto falava com a atendente ao telefone. A ambulância chegando, o portão da casa sendo aberto. Seu marido indo embora. Seu marido indo embora.

Jerônimo voltou para casa dezenove dias depois. Foi colocado numa cama especial, de onde só sairia nos próximos oito anos que ainda viveria para ir ao banheiro, onde era cuidado pela esposa, e para ir à fisioterapia. Com o passar dos anos, o corpo do marido foi ficando pesado demais, e Fátima pesada de menos, para tomar conta dele sozinha. Porque tinha um esposo precavido, contratar uma cuidadora não seria problema. Ver o marido amofinando, sim. Fátima tinha a sensação de que a qualquer momento iria cruzar a linha entre o agora e o não mais.

Jerônimo foi antes, contudo. Já quase não fazia fisioterapia. Aos 84 anos, seu corpo enrijecido já avisava que estava morto. Ele nunca mais voltara a reconhecer ninguém. Alguns familiares, não mais que Roberto, a esposa e alguns outros sobrinhos, foram para o seu enterro. Fátima não foi. Ficou em casa. Da sua cabeça, nunca saíra a imagem do médico que acompanhava seu marido perguntando a ela, pouco tempo após o AVC, se ele vinha tomando os remédios da forma correta. Rigorosamente em dia, doutor, foi o que ela disse, sem tremer a voz. E era no que acreditava. Ao chegar em casa e pegar nas muitas cartelas de comprimidos foi que se deu conta do que havia feito. Já nem lembrava mais, de tanto que achava que era o certo a se fazer, quando o fizera.

Passou três anos sem sair de casa, ou quase. Muito frequentemente seu sobrinho Roberto e a esposa, e agora uma outra sobrinha, divorciada e sem nada para fazer, também vinham ficar um pouco com ela. Nos dias em que estava mais disposta, iam à missa, depois voltavam para casa e só. A televisão ligada, ela com aquela vozinha esquálida, respondendo baixinho o que lhe perguntavam. Ia para a cama cedo, dormia tarde, até que num certo sábado, caiu no banheiro, apesar das barras que instalara na casa toda para dar-lhe apoio. Lembrou-se do marido assim que caiu, da via crucis interminável pela qual ele tivera que passar, sem consciência de nada, só o corpo sofrendo. E ela ainda sobrevivendo a ele todo aquele tempo. Para quê? Caiu e ficou lá no chão, gemendo quase silenciosamente, que era para nenhum vizinho ouvi-la e vir socorrê-la. Não queria. Queria morrer ali, com aquele osso fugindo pela perna aberta. Mas não teve essa sorte. A sobrinha veio, apareceu de repente, aquela demônia. Fátima foi levada a um hospital. Sofreu quase vinte dias, e quando parecia melhor, pegou uma bactéria hospitalar, voltou para a UTI, de onde só saiu para o próprio enterro.

Roberto entrou na casa uma semana depois. Era preciso fazer o inventário, desocupá-la. Ele sabia-se único herdeiro, e ninguém da família fazia questão de nada que fora de Fátima e Jerônimo, compreendiam a importância dele para a sobrevivência daqueles tios.

Mais alguns dias se passaram e o caminhão de mudanças encostou na porta da casa. Iriam levar tudo o que os familiares não quiseram para uma instituição de caridade. Os homens entraram com tudo, e recolheram mesas, cadeiras, geladeira, tudo o que viram pela frente. Fotos e pequenos objetos de decoração já haviam sido levados antes, pelos que zelavam pela memória. O resto era apenas excesso.

No entra e sai da casa, ninguém reparou num amontoado de papéis sobre uma mesa lateral que, não tivesse ido para o lixo, teria ficado ali, para sempre esquecido.

A linguagem dos versos

Neivinha já pegou barriga de novo! Era só alguém vê-la passando pela rua, com a barriga na altura do pescoço, para soltar logo a frase. E quando ela passava enquanto os meninos da vizinhança estavam todos na rua, no meio de uma brincadeira, bastava alguém dizê-la para eles todos se entreolharem desconfiados. Teria sido algum deles?, era o que o gesto dizia.

Um ou outro ao longo do tempo talvez sim, mas a maioria era mesmo de pais desconhecidos. Neivinha passava sempre andando muito rápido, os dentes da frente estufados, o cabelo de índia que alguém fazia a caridade de ir aparando, sua pele oliva fazendo contraste com a noite e os indefectíveis ombros caídos. Alguém gritava fazendo troça, Vai, Neivinha!, e aí era que ela acelerava mesmo o passo, de um jeito meio bicho fugindo para a toca, na certa com um medo incompreensível, numa certeza toda dela de que aquilo significava que alguém queria violentá-la de novo.

Ninguém sabia muito bem onde ela morava, ou mesmo se tinha um lugar certo para ficar. Aparentemente, Neivinha apenas perambulava pelas ruas do bairro, uma região da cidade sem prédios, repleta de bosques e terrenos ainda aguardando construção. Parecia ter sido transplantada de uma aldeia para aquele lugar, e na falta de um lar, era de todos – e quem é de todos, sabe-se, não é de nenhum. Algumas pessoas diziam que por ter um retardo mental, fora abandonada pela família ainda muito pequena. A rua não a tornara rebelde; ao contrário, a tornara assustada. Mas era só alguém chegar de mansinho, com algum tipo de alimento, cuidado ou carinho, que ganhava logo a confiança dela. E era justamente por sua receptiva ingenuidade que passava a maior parte do ano, todos os anos, esperando o filho de alguém.

Os meninos mais jovens da região quase todos já tinham ido com Neivinha. Todos sabiam que ela se deixava bolinar sem reclamar, e aquela era a forma que a maioria deles havia encontrado para começarem suas vidas sexuais. E como ela havia engravidado muito cedo, ficara pequenina, e ninguém sabia muito bem se ela tinha 14, 16 ou 20 anos. Todo mundo sabia que os meninos faziam uso dela, mas aquele era um assunto que as famílias não conversavam. Para eles, era condenável, mas normal, que seus filhos perdessem a virgindade aos treze ou catorze anos com a mulher que não era de ninguém.

Antes de Neivinha entrar na fase propriamente adulta da vida, Dona Gerusa, uma senhora muito religiosa e sem filhos que morava com o marido, um cadeirante de quem mal se ouvia a voz, foi morar na casa da esquina de uma das ruas por onde ela mais passava. Como seu único compromisso era com Deus, tinha muitas horas disponíveis para ouvir as histórias que se contavam a respeito da menina. Ouviu com paciência as empregadas das casas vizinhas, suas patroas, um ou outro desavisado que quisesse puxar assunto sobre ela, e assim reuniu o que, na sua cabeça, seria o equivalente a um dossiê sobre a andarilha prenhe, como vários se referiam a ela. Chegou até ela e disse, Quer vir morar comigo? Neivinha abriu a boca cheia de dentes com uma cara de horror e espanto e soltou grunhidos incompreensíveis. Dona Gerusa pegou-a pelo braço e ela fez como quem quer ou vai fugir, mas a mão da mulher era forte; além do mais, Neivinha já estava acostumada a se deixar ser domada.

O que parecia ser uma possibilidade de salvação foi na verdade quase um rapto. Dona Gerusa dizia para si mesma, É preciso domesticá-la. O marido ficava calado. Conhecia a mulher, e sabia que ia levar sua ideia até quando pudesse esticar a corda.

Por dois anos, Neivinha não engravidou. Era mantida dentro de casa, ajudando Dona Gerusa no que desse. Como nunca aprendera a falar direito, Dona Gerusa batia em sua cabeça para que ela se esforçasse a dizer algo quando perguntada; no início de leve, depois, com a mão fechada. Ela desmontava no chão como defesa, de onde só saía quando percebia que a mulher já não correspondia a uma ameaça. Não compreendia de onde vinha tanta maldade. Neivinha se despojava de uma personalidade que não tinha. Sempre fora algo alheia ao mundo, tão subestimada e abobalhada que era. Com o passar do tempo, foi ficando cada vez mais desconectada da vida. Você é uma imprestável, berrava Dona Gerusa para Neivinha na presença do marido, para que ele também ouvisse. Depois, colocava o véu sobre a cabeça e ia para a igreja orar, pedir a Deus para que as pessoas que ela queria ajudar se deixassem ser ajudadas.

Um dia, Dona Gerusa se cansou, enfiou Neivinha dentro do carro e foi bater em outro município. Tudo havia sido calculado para que chegassem lá de madrugada, não queria testemunhas. Abriu a porta, saiu do carro, levantou o banco e tirou Neivinha de trás. Você agora vai morar aqui. Neivinha, ainda uma criança mas a essa altura presa no tempo cronológico de uma mulher, acedeu com a obediência que lhe era peculiar, e ficou sentada onde foi deixada, a noite toda.

Foram os outros pacientes e seus parentes que descobriram Neivinha toda encolhida no chão, perto de um carrinho de cachorro-quente fechado, dormindo abraçada ao próprio corpo. Tentaram falar com ela de todo jeito, mas não conseguiram nada. Ela não sabia articular palavra. Uma secretária do manicômio ouviu a história que se passava lá fora e acorreu para ajudá-la, apiedada. Pela experiência que tinha, com três minutos lá fora tentando interagir com Neivinha, Zazá compreendeu que a moça tinha sido largada ali por alguém que já devia estar louco para se livrar dela.

Dali pra frente Neivinha nunca mais teria filhos. Zazá, mesmo sem poder deixar a sua secretaria com frequência, tentava dar assistência à mulher que salvara. Sabia que ela não poderia ficar ali, mas sempre conseguia dar um jeitinho antes que alguém a enxotasse novamente. Alegando o retardo mental da mulher, Zazá defendia, com jeito e cautela, que jogar na rua um ser humano sem pai nem mãe, sem marido nem filhos, seria sua sentença de morte, e que se o fizessem estariam cometendo um crime pelo qual poderiam, todos, ser responsabilizados. E assim, Neivinha ia ficando.

Com pouco mais de um ano dentro do manicômio, ela começou a falar. Era como se tivesse guardado no peito todas as palavras que sempre quisera dizer. Às vezes seu discurso fazia um pouco de sentido, mas na maior parte do tempo a incoerência predominava. Zazá, animada, ainda tentou ensiná-la a ler, mas era uma tentativa que já nascia morta, porque Neivinha não parava dois minutos no mesmo lugar, não compreendia muito bem o que lhe diziam, e se alguém chegava perto dela com muito alvoroço, ela se debatia e chorava, na certa lembrando dos tempos em que as palavras ainda lhe eram dirigidas com violência.

Foi quando Benícia apareceu por lá com seu projeto de pesquisa que as coisas mudaram para Neivinha, no momento em que a pesquisadora se aproximou dela, a única moradora do lugar. Benícia estudava os possíveis significados no que Neivinha dizia, e passou a ir três vezes por semana visitá-la com um gravador. Aos poucos, as duas começaram a interagir, à maneira dos caminhos possíveis, e ambas pareciam dialogar em perfeito entendimento. Benícia dava a Neivinha um carinho que ela nunca tivera. Era muito abraçada e beijada, chamada por vocativos como amor e amiga. Sem retribuir com as mesmas palavras, Neivinha devolvia com algo que fizera muito pouco em vida: sorria. Benícia surgia no horizonte, e ela abria aquela boca tão cheia de dentes num sorriso descomunal, de braços abertos, esperando, agora nunca mais em vão, acolher e ser acolhida num gesto da mais completa vulnerabilidade. Benícia gravou fitas e fitas com a voz de Neivinha, ou, como dizia, das conversas que tivera com Neivinha, quando ela lhe recitava seus poemas, hábito que exercia com determinação, estando Benícia lá ou não.

Eu sobrevivi a tudo do nada, do tudo e do nada
Não tinha existência
Não tinha corpo
Só passei a existir com a idade do sol
Eu me fiz criança, mas nasci velha
E continuo uma criança
E vou morrer criança

Os funcionários, os pacientes e seus acompanhantes, todos olhavam para ela dizendo palavras como aquelas, incrédulos com a força e a vitalidade de sua voz.

Depois de organizar as muitas fitas que tinha e com o dinheiro do próprio bolso, Benícia resolveu transformar as palavras de Neivinha em livro. Era um livro em formato pequeno, repleto de poemas sem título. Entregou um a ela e disse, Agora você é escritora, Neivinha. E uma escritora muito amada por nós todos daqui.

O amor só durou o tempo do manicômio fechar, no final daquele ano, por decreto do governador. Zazá não sabia o que fazer, não tinha como cuidar de Neivinha fora dali. Por mais querida que fosse, não tinha como pedir para aquela mulher sem destino pousar na casa de alguém sem data de partida. Foi conversar com Benícia, com lágrimas nos olhos, poucos meses antes do fechamento, mas quando todos já sabiam da decisão. Ela prometeu que ia dar um jeito. Se não conseguisse um lugar, ela mesma cuidaria de Neivinha. Nos últimos dias, ela voltara a se assustar com facilidade, quase não dizia mais seus poemas e passava horas trancada em seu diminuto quarto, diferente de quando sentia que as coisas iam bem, quando ficava o dia quase todo no pátio, vendo o céu. Agora, todos os sentidos lhe atravessavam.

A data para o fechamento do manicômio se aproximava, as folhas do calendário da recepção pareciam ser retiradas com cada vez mais rapidez. E no dia que havia combinado com Zazá para ir lá com uma solução, Benícia não foi nem deu notícias. Zazá ligou para o telefone da sua casa, que chamou inúmeras vezes sem que ninguém atendesse. Aflita, foi conversar com o diretor do hospital. Queria autorização para ir até o endereço que Benícia havia dado como sendo onde morava. Antes disso, porém, um dos médicos chegou com um jornal na mão, onde estava a notícia: Benícia havia morrido num desastre na estrada. No banco do carona do carro, além de uma pequena bagagem de mão esvaziada por populares, foram encontrados vários exemplares do livro de Neivinha, que ninguém quis levar.

Sem saber do destino de sua protetora, Neivinha foi colocada na rua, num dia de sábado, quando Zazá não ia para o hospital. Considerou o que fizeram uma monstruosidade, mas depois entendeu que, para ela, tinha sido melhor não ver.

Novamente sem lugar no mundo, Neivinha perambulava pelas ruas. Rapidamente se tornou suja e maltrapilha. Comia quando lhe davam, muitas vezes algo jogado de longe. Juntou uns paninhos, com os quais se protegia do frio noturno. Mas não tinha mais a saúde de antes. Começou com uma tosse, que ela não saberia nem tinha como tratar, e que foi piorando a cada novo dia. Dormia agarrada ao seu livrinho, todas as noites. Conseguiu uma caneta com alguém, e rabiscava coisas ininteligíveis no seu livro, como via Benícia fazer.

As pessoas souberam de sua morte quando cães, que vagavam sem dono pela praça, começaram a fuçar seu corpo mirrado debaixo de um banco, onde ela cabia com facilidade. Achavam inusitado ver uma mendiga morrer agarrada a um livro. E tinham pena.

Mal sabiam eles que ela morrera sonhando que era feliz.

Parte Dois
A ascensão da fênix roubada

O delicado valor do fim

Foi no começo dos anos 80 que o videocassete chegou lá em casa, muito para minha surpresa, porque eu já tinha visto um na casa de um colega meu da escola e pedido ao meu pai e ele disse que não dava pra gente porque era muito caro.

Por isso que quando eu vi meu pai chegando com aquela caixa debaixo do braço, quase não acreditei de tanta felicidade. Eu tinha acabado de aprender a ler, mas mesmo que eu não soubesse identificar uma só letra, vi o desenho na caixa de papelão e de longe já sabia o que era. Fiquei pulando de alegria perto dele, que no começo achou aquilo divertido mas depois me enxotou para o lado, Espera, meu filho, tenho que montar esse negócio aqui e tem muitos fios, deixa eu me concentrar. Saí de perto na mesma hora, eu queria era ver o aparelho em funcionamento, com um filme aparecendo na tela e ficar lá grudado durante todos os dias das minhas férias.

Deu certo. Meu pai tinha comprado uma fita chata qualquer só pra testar. Como eu não gostei daquela besteirada, fiquei pedindo a ele pra gente ir na locadora fazer a ficha

e pegar uns filmes. Eu ia pra perto dele e ficava puxando pela mão, minha mãozinha risivelmente pequena puxando aqueles dedos enormes, que era tudo o que eu conseguia fazer. Mas bastou ele colocar aquele olhar severo em cima de mim pra eu ir pro quarto chorar. Eu tinha perdido a batalha.
    Algum tempo depois, ouvi um grito, Luciano, vem cá! Saí do quarto com cara de poucos amigos. Sem dizer uma palavra, me posicionei perto dele na sala. Meu filho, me ajude aqui a entender esse monte de botão. Eu fui para a frente do aparelho, que tinha uma proteção de plástico preto na frente de todos os botões, que a gente baixava e eles apareciam, como mágica. Baixei o apetrecho e fiquei na frente do videocassete, examinando. Aí não, seu imbecil, você tem que ler no manual! Se a gente não precisasse de manual, o aparelho não vinha com um! Eu me virei pra ele com os olhos plenos de ódio e cheios d'água. Então era assim, era grosseiro comigo, precisava de mim e chamava só pra ser bruto de novo? Pois que ele fosse se fuder. Agora eu tinha culpa que ele precisava de um manual e eu não? Eu me levantei, os olhos queimando de ódio, e fui para o meu quarto. E dessa vez, não chorei.
    Somente no final de semana seguinte, meu pai trouxe um amigo do trabalho para ajudá-lo com o videocassete. Naquele tempo ele tinha muitos amigos, fossem do trabalho ou da igreja que ele frequentava com a minha mãe, e essas pessoas conviviam sempre que podiam. Eu achava aquilo muito bonito, ver meus pais e os amigos deles, e os filhos todos juntos nas confraternizações que eles inventavam. Eu também fazia muitos amigos nessas ocasiões. Com o passar do tempo, os amigos dos meus pais foram rareando, rareando, até acabar. Primeiro foram os do trabalho, que ele foi deixando pra lá; depois, os da igreja. Nem sei por que os

da igreja demoraram tanto a sumir, já que, visto pelas coisas que ele aprontava com a minha mãe e que só eu sabia, temer a Deus ele não temia, nadinha. Muito menos tinha medo do inferno. E eu acabei perdendo os amigos que havia feito, porque se meu pai foi deixando de vê-los, trocando-os por farrinhas regadas a mulheres e bebida, eu não tinha mais como ver os filhos daquelas pessoas. Numa tacada só, meu pai conseguia fuder a própria vida e a minha também.

 Claro que meu pai não trouxe o amigo porque não conseguia desvendar os mistérios do aparelho, mas como aquilo era novidade em qualquer parte do país, ele o fazia para exibir-se para os outros, ainda que inconscientemente. "Olha, eu também tenho dinheiro para comprar um produto revolucionário como este", era o que dizia o convite para que os amigos fossem ver um filminho em nossa casa. E nem tinha, porque depois eu vim a saber que existia um consórcio para videocassetes, algo que eu pensava que só existia para carros, e isso porque minha mãe havia dito, no ano anterior, que o carro dela havia sido comprado através de um consórcio, e que ela não podia me colocar no basquete porque ainda estava pagando as parcelas, que eram muitas e caras. Lembro que passei várias noites tentando entender a lógica de um consórcio, eu e meus sete ou oito anos de idade. Será que um videocassete valia tanto quanto um carro? Eu que não ia perguntar, porque esse tipo de pergunta ao meu pai valeria como resposta um "Por que você quer saber, vai ajudar a pagar?", ou alguma outra cavalice do tipo, atitude de quem não entende que as contingências da vida são inúmeras e que eu, com menos de uma década de vida, estava apenas querendo torná-la menos fragmentada dentro da minha cabeça e imprimir um pouco de sentido a tudo que eu vivia.

Agamenon, o amigo, também tinha um videocassete, e havia trazido uma fita de um filme que a gente acabou nem vendo, porque ele a usou pra mostrar ao meu pai tudo o que o aparelho poderia oferecer. Novamente, fui para o quarto ler. Já era quase hora do almoço quando alguém bateu na minha porta. Era o meu pai. Quer ir ali na locadora com a gente? Eu pulei da cama e já fui logo gritando que sim. Nem o fato de que havia sido o amigo dele a convencê-lo a fazer a ficha na locadora me deixou chateado. Eu tinha mais com o que me preocupar, como pude saber minutos depois, quando chegamos lá: prateleiras e mais prateleiras, carregadas de filmes. E uma salinha mais para trás, que eu via que também tinha filmes, mas onde a balconista da loja, com um sorriso e dizendo que eu era muito curioso, não me deixou entrar.

Pelo visto, aquele universo encantador deixou meu pai vendo coisas. Depois de analisar o entra e sai de gente, a cara de alegria das pessoas – e a dele mesmo – decidiu que queria abrir uma videolocadora. É um mercado em expansão, assegurou à minha mãe, quando foi tentar persuadi-la a entrar no negócio com ele. Narrou milhões de coisas que via, convidou-a a passear por algumas locadoras do bairro com ele, e não fazia tempo que pensavam em montar um negócio próprio?, dizia. Até que finalmente abriram a locadora, no nosso bairro mesmo. Batizaram-na de Celi Video, em homenagem ao apelido da minha mãe, que se chamava Celina.

Tudo ia às mil maravilhas, minha mãe tinha até saído do trabalho para cuidar só da locadora, para onde meu pai ia depois de trabalhar dois turnos numa instituição na qual era concursado e da qual não abdicava porque era a segurança dele caso as coisas dessem errado. No final daquele ano, minha mãe anunciou que eu ganharia um irmãozinho, que se chamaria Rafael. Quando ela chegava em casa, tarde da noite, eu ficava alisando a barriga dela e chamando pelo nome do meu irmão, conversando com ele e dizendo para ele que ia ler uma história bem bacana num livro para ele, mas na verdade eu ficava só na frente da barriga da minha mãe inventando umas coisas sem pé e nem cabeça; afinal, ele não podia mesmo ver que eu não estava com livro nenhum do lado de fora, que diferença fazia? Algum tempo depois minha mãe dizia que já estava tarde e eu tinha que ir dormir para não ficar com sono no colégio no dia seguinte, eu dava um beijo na barriga dela e dizia pra ela que ele havia me respondido com um chutezinho bem na hora do beijo, já que ele era muito pequeno pra estalar o beijo na boca, e a minha mãe entrava na brincadeira e dizia que tinha mesmo sentido a dor do chute e que eu parasse com aquilo porque ela ia ficar toda doída. E caía na risada.

Aí, um dia, indo para a locadora, minha mãe sentiu contrações muito fortes por algum motivo. Achou que estivesse abortando, se desesperou, perdeu o controle do carro e bateu num caminhão carregado de cimento, bem de frente. Talvez ela tenha olhado pra baixo para ver o que acontecia, talvez ela tenha realmente entrado em pânico, nunca iremos saber. Ela morreu na hora, junto com o meu irmão Rafael. Acabou-se tudo bem ali. Eu não teria mais irmão, nem mais sonhos, nem veria mais graça em ver filme no videocassete, nada. E o carro também tinha se acabado, com um monte de prestações do consórcio ainda pra pagar.

Meu pai virou um fiapo de gente. Não queria mais saber de mim, só chegava em casa pra beber e reclamar da vida. Mandou a empregada embora um dia só porque ela disse que era bom ele diminuir a bebida e se alimentar melhor, e também dar mais atenção a mim. Ainda lembro dela dobrando as roupas e colocando dentro de uma sacola grande, apoiada na parte de baixo do beliche espremido entre dois cantos da parede do quarto, que também servia como despensa, morrendo de chorar. E eu chorando junto, porque, naquela circunstância, tudo era motivo pra chorar e eu me via esparramado dentro de muitas dores juntas.

Com as dores obrigatoriamente enterradas, uma irmã da minha mãe aproximou-se do meu pai. Inicialmente, a família fez um certo estardalhaço, achando que o interesse ali era pessoal, mas não. Ela queria encontrar uma forma de negociar a locadora com o meu pai. Tia Ju havia sido demitida da empresa onde trabalhara durante muitos anos há poucas semanas e estava querendo investir num negócio próprio. Quando todos compreenderam que a aproximação era apenas por conta de uma negociação, novamente foram contra, acharam que ela seria contaminada por tantas lembranças de minha mãe. De fato, a locadora era repleta dela. A decoração, cuidadosamente escolhida por ela, os bloquinhos e cadernos onde anotava lembretes e despesas, a disposição das seções; até mesmo o logotipo da empresa, ao lado de um *Celi Video* todo estilizado, fora criado por ela, que por muitos anos pintara por hobby e disse na época que ela mesma criaria a fachada da loja. Não havia o que não lembrasse o seu jeito.

Ainda assim, tia Ju foi em frente, destemida que era. Com o dinheiro que recebeu da demissão, entretanto, a primeira coisa que fez foi derrubar a fachada da loja e construir outra, inclusive com outro nome, *Plurivideo*. Algumas coisas podiam ser bem difíceis de ser encaradas, e olhar a fachada e enxergar a arte da minha mãe certamente era uma delas. Mas parava aí.

Com a loja novamente aberta, minha tia demonstrou-se ser um dínamo. E tinha faro para o negócio. Em pouco tempo aprendeu a conhecer os clientes pelo nome, conhecia seus gostos, dava sugestões certeiras, e com isso a locadora da tia Ju passou a ser uma referência na cidade. Sem pedir autorização ao meu pai, um dia resolvi ligar pra lá – o número continuava o mesmo – e falei com minha tia. Posso ir visitar a loja, tia Ju? Ela captou na hora a intenção por trás da pergunta. Mas meu filho, ela está tão diferente da loja do tempo da sua mãe... O argumento dela me parecia pouco. Não importa, tia. Quero ir mesmo assim. Eu não tinha mais palavras àquela época, mas é claro que eu só queria pisar novamente no mesmo chão onde minha mãe e meu irmão que eu jamais conhecera haviam estado, como uma espécie de santuário. Quando fechara o negócio com minha tia, meu pai disse que eu fosse viver minha vida longe daquele lugar, que botar os pés lá só me traria tristeza e desesperança, uma palavra nova para mim. Fui olhar o que significava num minidicionário Aurélio que havia sido comprado antes de eu nascer, uma edição tão puída e feia que parecia já me dizer o que eu iria encontrar. Li a linhazinha que explicava e entendi que era isso que me abatia de verdade. Mas algo me dizia também que eu tinha era que ir lá, isso sim.

    Descobri sozinho qual o ônibus que passava em frente à locadora e ganhei o mundo. Acabei descendo umas duas paradas depois e tive de voltar tudo andando. Eram uns seis quarteirões, o que pra mim parecia uma imensidão de chão quando se tem menos de um metro e cinquenta e as pernas curtinhas. Enfim, encontrei o lugar. Na década de oitenta as coisas não pareciam mudar tão vertiginosamente. Eu ainda alimentava a ilusão de que passaria a vida assistindo Xuxa, Pica-pau, Chaves e Caverna do dragão, que aparentemente nunca envelheciam nem sairiam do ar. A vida então era um bloco de cimento para mim, aos 9 anos.

    De fato, a loja não parecia mais tanto com a que eu lembrava. Mesmo assim, eu *sabia* que minha mãe tinha estado ali, passado por aquela mesma porta, por aquele mesmo balcão, e aquilo me dava uma alegria tão grande que meus olhos se enchiam logo de lágrimas e eu ficava com um nó na garganta que não me deixaria falar se alguém me chamasse.

    Foi tia Ju quem me tirou daquela solidão. Luuuuu!, gritou lá de dentro assim que me viu, e abriu os braços como se fosse abraçar cinco de mim. Eu corri para dentro deles. Ela estava agachada e eu cabia todinho ali, e era tão bom. Ela me envolveu com os braços de modo que um braço agarrava meu corpinho mirrado, e com o outro, ela acariciava minha cabeça com a mão, lá no alto. Eu não tinha ilusões de que ela fosse me adotar, por mais que eu não estivesse mais gostando de morar sozinho com meu pai. Sem contar que tia Ju não era muito maternal. Nunca casou e nunca quis ter filhos, embora demonstrasse gostar de mim e dos filhos dos clientes. Logo depois que eu cheguei, ela foi logo dizendo, Você pensa que veio aqui pra ficar parado? Vai não senhor. Vai me ajudar. Vem cá, tem um monte de fita nova pra colocar etiqueta.

    Com o passar dos anos, acabei mesmo indo trabalhar na locadora da minha tia, que um dia havia sido dos meus pais, e de certa forma, mais até da minha mãe. Juntos, fazíamos uma dupla de arrasar. Toda a nossa equipe era treinada para lembrar detalhes, desvendar preferências e saber fazer as sugestões certas para cada cliente. Se com a tia Ju e seu diferencial havíamos arregimentado tantos novos contratos de locação, com a tia multiplicada diversas vezes, aí sim é que a coisa ultrapassou a marca do previsível, com um crescimento absurdamente grande durante toda a década de oitenta, até a metade da década de noventa.

    A locadora cresceu tanto, que um dia tia Ju chegou pra mim ao final do expediente e disse, sem aceitar qualquer tipo de intervenção ou argumentação contrária, Eu sei o quanto você ama esse lugar, Luciano. Sei que o primeiro motivo que fez você vir aqui não foi exatamente a locadora, mas sua mãe. E a locadora acabou tornando-se nossa vida. E vidas crescem, expandem-se. Semana que vem nós vamos procurar um outro lugar, maior, e fecharemos essa loja. Não quero que a gente se divida, quero que a gente se concentre num lugar completamente novo, e grande, onde caibam todos os nossos clientes e muitos mais, disse ela. E continuou alimentando o desejo, dizendo o que queria para a loja, como achava que tinha que ser, me explicando que os tempos eram outros e as demandas, crescentes. Não dava mais para ficar preso ao tempo em que minha mãe era viva. Tínhamos de nos modernizar. E concluiu dizendo uma frase horrível, Ela não está enterrada aqui.

    A verdade é que nem eu sei direito o que havia sobrado da minha mãe após a colisão fatal. Sei que não me deixaram vê-la, e que o velório teve que ser com o caixão fechado. Mas isso não me importava. Os despojos de minha mãe não me interessavam. O que me preocupava, claramente, era não deixar sua memória morrer, era não esquecer o que me lembrava dela, e a locadora me ajudava nesse sentido.

    Tia Ju nunca fora ligada à minha mãe particularmente. Como ela era a mais nova de uma família de sete filhos, e tendo nascido muito tempo depois do último, acabou crescendo meio distante da maioria dos irmãos, incluindo minha mãe, que era a segunda mais velha, uns vinte e tantos anos à frente dela. Por isso, ela não tinha apego emocional algum à sua memória. Nem que eu quisesse – e eu não queria – poderia culpá-la.

Alguns anos se passaram e eu senti que aquela locadora já não era mais para mim. Vendi a parte que havia comprado da minha tia muito tempo antes, agradeci por todos aqueles anos, e saí pelo mundo. Passei vários meses viajando de carona por vários continentes, mas sempre me comunicando com minha tia. Fui para ela uma espécie de consultor à distância, ainda que esse trabalho fosse muito mais um suporte emocional que qualquer outra coisa. Eu e tia Ju partilhávamos do mesmo amor pelo cinema, mas eu estava cansado de viver as histórias da tela através do amor pelo meu trabalho. Eu precisava arejar-me.

A primeira crise aconteceu com a chegada da TV por assinatura. Assim como decretaram a morte do cinema e do teatro com a expansão do aparelho de televisão em todas as casas, aparentemente, ter HBO e Telecine em casa faria com que ninguém mais quisesse alugar filmes. Não foi o que aconteceu, para sorte da minha tia e da sua Plurivideo, embora o impacto tenha sido considerável. Mas como naquele tempo ter TV por assinatura ainda era algo para a elite que, embora poderosa sempre foi em menor número, ela continuou vivendo. Anos depois, junto com a possibilidade de baixar de graça qualquer filme através da internet, que tinha cada vez mais qualidade no Brasil, veio a segunda crise. Tia Ju teve que reduzir o tamanho da loja – a outra metade virou uma loja de colchões, que faliu meses depois e ficou abandonada, afugentando clientes da locadora, que viam aquela loja escura bem ao lado e tinham um certo receio – e também acabou demitindo funcionários. Aos poucos, a loja foi se tornando invisível, até que o mundo decidiu que as videolocadoras deveriam ser retiradas do cenário.

Voltei ao país e encontrei tinha Ju envelhecida, cansada, tocando piano sozinha na sala de seu apartamento de um bairro classe média. Seus braços já não me abraçaram mais com o vigor de quando eu apareci na locadora pela primeira vez; eram agora rugosos, flácidos, ela toda uma fortaleza despedaçada. Contas desorganizadas, pilhas de DVDs e Blu-rays espalhados pela casa, por assistir. Ver aquela situação me dava uma sensação de estar diante de uma prova do fracasso familiar generalizado, o que me constrangia. O sonho que fora dos meus pais, depois da minha tia, depois meu e dela, depois da minha tia de novo, virou um pesadelo e tudo o que ela queria era que aquilo não fosse de mais ninguém.

Chorando muito, ela olhou para mim, Não consigo mais levar esse negócio adiante, Luciano, mas também não sei como deixá-lo partir da minha vida, disse. Já não se entendia mais muito bem a sua fala nas últimas palavras, que ficaram moles misturadas ao choro.

Eu a abracei e, com uma das mãos, fiz-lhe um carinho na cabeça.

Pouco mais de dois meses depois, tia Ju me liga e pede para dar uma passada na minha casa. Ainda tentei brincar, dizendo que quem tinha que ligar pedindo autorização para ir vê-la era eu, tentando lembrá-la de quando fiz a ligação pedindo para ir até a locadora. Mas ela não riu, nem esboçou qualquer reação. Ela chegou de táxi, à noite. Onde está o carro, tia? Não consigo mais dirigir, disse, sem maiores preâmbulos. Perguntei-lhe o que havia acontecido. Ela disse que há cerca de um mês tinha perdido completamente a força no braço esquerdo, o que a impossibilitava de segurar direito o volante do seu carro. A senhora já investigou o que pode ser isso, tia? Já, Lu. Estou com um câncer de mama violento. Existem nódulos nos pulmões e na minha perna, que também já começa a enfraquecer. Sua força ao proferir aquelas palavras me remetia por alguns segundos à mulher que eu conhecera na infância; uma senhora impávida e colossal. Enquanto eu me via lívido diante dela, me segurando para não chorar ali mesmo, ela arrematou, E eu decidi que não vou lutar contra isso. É doloroso e inútil. Não quero uma sobrevida de merda, com a vida de merda que tenho. E não tente me demover da minha decisão. Eu não vim aqui pra isso. Vim porque quero que você me ajude a dar cabo desse negócio. Não adianta mais lutar contra a Netflix, e nem eu quero. Cansei. Sou do tempo da máquina de datilografar, que hoje é objeto de museu. É preciso aceitar que existe a morte do homem e também a morte de certas coisas. De muitas coisas. Acabou, Luciano. Quero passar o resto dos meus dias vendo os filmes que amo e lendo, até apagar.

Na semana seguinte, coloquei à venda, atendendo ao seu pedido, todo o acervo da Plurivideo. Eu mesmo comprei alguns, que organizei num canto da minha biblioteca.

Passei a visitar tia Ju todas as semanas, a cuidar dela com carinho e cuidado. Poucas vezes falamos sobre o processo de perda que estava em curso, e numa delas, ela me disse, Escute, Luciano: estar mortalmente doente não é nenhuma tragédia. A morte é a vida caminhando para frente. E se eu pude seguir adiante até aqui, é sinal de que vivi. E por mais que as coisas estejam bem difíceis agora, foi uma vida boa.

Até que numa noite de setembro, ao enfiar na porta a cópia da chave que ela havia me dado, percebi que do lado de lá havia algo estranho. Foi apenas uma sensação, mas eu estava certo. Tia Ju estava morta na sua cama, já azulada e endurecida. Morreu como queria, apagando-se após o tempo necessário para a doença devastá-la sem piedade, mas ainda assim, em seu rosto lívido era como se a morte tivesse sido soprada sobre ela. Seu semblante não era de dor nem de remorso. Concluí que ela estava em paz. Mandei cremar seu corpo e recebi um bauzinho azul com as cinzas, que guardei por um tempo, até saber o que fazer com elas.

Quando vendi todo o acervo e a loja onde ficava a locadora, soube que iriam demolir tudo e construir um prédio de apartamentos no lugar. Mais um. Quando derrubaram tudo, espargi as cinzas da minha tia sobre os escombros.

Às vezes, fico pensando no quanto fui privilegiado por ter conhecido, ainda em criança, a obra de tantos diretores grandiosos, de tantos atores talentosos, assim como a simples menção a títulos de filmes que foram especiais para mim durante os anos oitenta ou noventa me fazem voltar correndo no tempo instantaneamente. Percebo, entretanto, que tudo o que passei já não está mais tão nítido, como se eu enxergasse as coisas através de imagens de fitas VHS já muito vistas, muito usadas. O pior de tudo é saber que muita coisa, por mais que eu tente lembrar, não consigo mais.

Compreendi, então, que esse é o meu jeito de seguir adiante, e que o homem só sobrevive pela sua capacidade de esquecer.

Abismo

Rasgou em palavras o que levava preso no coração: Mãe, a partir da semana que vem, não trarei mais as roupas para a senhora lavar.

Poderia parecer, para ela, uma libertação, mas não era. Desde que o filho saíra de casa, há oito anos, continuava a levar para a casa da mãe em sacos grandes de supermercado todas as roupas que usava durante a semana. Em todos esses anos, ele sequer pensou em comprar uma máquina de lavar. Na verdade, até pensou, mas nunca levou o plano adiante, preferindo gastar o dinheiro com coisas outras, e continuava a levar as sacolas abarrotadas para a mãe.

Era quando se viam e conversavam brevemente, até que ele anunciasse que precisava ir embora, pois tinha clientes dali a meia hora, uma hora, o tempo ao dizer a desculpa poderia variar, mas a maioria das vezes era mentira, queria apenas sair do apartamento e, por conseguinte, da presença daquela mulher.

Sua carreira de advogado ia razoavelmente bem, e a verdade era que ele poderia negociar consigo mesmo para levar as roupas para a mãe e fazer uma visita mais demorada, se quisesse. Mas não queria. Nunca quisera. O sonho de César sempre foi o de sair de casa assim que pudesse. E quando estava na reta final da faculdade e conseguiu um estágio remunerado num escritório de advocacia, não pensou duas vezes, comprou geladeira e fogão, alugou um quitinete e se mandou da casa dos pais.

Pouco mais de um ano após sua saída de casa, o pai morreu de um infarto fulminante, em casa. Como seu irmão não morava no Brasil, só sobrava ele para ficar mais próximo à mãe. Chegou a receber algumas indiretas de familiares para que desse mais assistência a ela; alguns sugeriram até que ele voltasse a morar com ela. Eram sugestões de quem não vivera anos de terror ao lado daqueles pais. Ainda assim, ele ouviu todas de forma cortês, guardou no bolso e jogou na lixeira mais próxima. A vida seguia, sua mãe não ia morrer por viver só. Quanto a ele, sentia que só viveria se morasse sozinho. Ou pelo menos não com a mãe.

Agora é que não nos vemos mais, disse ela em tom de lamento, após o anúncio. Ele olhou para ela: Não faça drama, disse. Drama? Eu estou dizendo alguma mentira, César? Quando é que nos vemos, e ainda assim, muito rapidamente?

É claro que ela tinha razão, e ele sabia. Mas ele não estava disposto a esfregar na cara dela tudo o que sentia. O certo é que sabia que não amava mais aquela mulher à sua frente a quem ele deveria chamar de mãe. O amor que um dia sentiu naturalmente por ela, pela força da natureza que o ligava a ela dentro de seu ventre, foi se desintegrando com o passar dos anos. E a cada ano, o processo ocorria de forma mais rápida e drástica.

Mal se dera por gente, César já notava a distância da mãe, que nunca estava por perto. Ou por outra: só estava por perto para ser resolutiva. Lembrava-se claramente do dia em que, por volta de quatro ou cinco anos, estendeu os braços para ela, que fumava um cigarro encostada na porta, e tudo o que ela fez foi gritar pela babá do menino, Mazé, vem cá, César deve estar com sede ou com fome. Já deu a merenda desse menino?

Era fome, sim, mas de outras coisas.

Quando ele cresceu, compreendeu que tinha uma mãe de crachá, alguém que exerce apenas a parte burocrática da maternidade. Levava e buscava os filhos na escola, levava para o curso de inglês, para o basquete, a natação e onde mais precisassem. Não era à toa que a ouvia reclamar com o marido, de vez em quando, que não era remunerada para estas atividades. Era quando os filhos tinham vontade de deixar tudo de lado, para não ter que cansá-la. No mais, eram de um desamparo total. Emanuel, o irmão de César mais novo que ele dois anos, ainda não entendia direito essa ausência.

O pai era outra negação. Não comparecia a uma só reunião de pais, nunca se importava com um boletim, e aos domingos, à mesa, sempre dizia para quem quisesse ouvir, Agradeçam a esta mulher, começava o mesmo discurso, apontando com o braço esticado e a mão espalmada ou com a ponta do queixo, para a esposa. Por mim, vocês estudariam em colégio público. Claro, pensava César, o que desse pra ele economizar para gastar com putas, ele economizaria. Ainda assim, era quem mais transbordava afeto na casa, desde que estivesse bêbado, algo que acontecia religiosamente todas as sextas-feiras, quando enchia a cara de uísque até altas horas da madrugada e ia acordar os filhos. Fiquem comigo na sala, meninos. Amanhã não tem aula. E quando prefeririam dormir, a cara feia do pai no outro dia era algo certo.

Não raro, entretanto, ficavam. Eram como pombos numa praça, recolhendo as migalhas do amor familiar, jogadas sem regularidade, quando conviesse aos pais, os passantes na vida dos filhos. E lembrar disso passados tantos anos apertava-lhes o coração. A mãe dormindo no quarto do casal, sozinha, enquanto o pai bebia e ouvia música num volume alto, e os filhos sentavam-se no chão, ouvindo o pai falar sobre o que quer que fosse, como quem conversa com um adulto num bar. Se aquele período serviu para alguma coisa, foi para instituir neles um gosto por música clássica e pela música brasileira. E também algo sobre a sua própria formação e a do irmão, mas ele não conseguia compreender a extensão desses tentáculos.

O semblante da mãe era de choro. Mais do que ser uma forma de ver o filho, lavar suas roupas era também uma forma de sentir-se útil. E no fundo, era isso o que ela continuava a almejar, mesmo já passados mais de quinze anos desde que se aposentara em definitivo. Era daquelas mulheres que precisam fazer algo que as coloque em posição de subserviência e submissão para se achar no direito de reclamar para si um pedestal que lhes dignifique a existência. Na ausência de um casamento que a fizesse feliz, consumia seu tempo em múltiplos trabalhos, a ponto de esquecer de si mesma e de exercitar o desenvolvimento dos próprios gostos e vontades. Após o casamento, acostumara-se a uma vida tão servil que não saberia cantarolar uma música que pudesse dizer que gostava, não tinha o hábito de sair para lugar algum com o intuito de arejar-se e confraternizar com amigos e só lia livros escritos por padres ou que trouxessem alguma "mensagem" no final. Há tempos abandonara a si mesma.

É geralmente nessas horas que Deus entra na vida das pessoas, e com ela não foi diferente. O desespero pelo significado de sua existência fez com que ela começasse a frequentar igrejas. Havia uma perto de sua casa, para a qual ela ia três vezes por semana, sempre a pé, pois não confiava mais na sua visão para dirigir no trânsito caótico da cidade, ainda mais à noite. Ademais, era só o tempo de uma caminhada de quinze minutos e ela já estaria lá.

César jamais saberia o que se passava na cabeça de sua mãe. Ele crescera sentindo que ela era uma incógnita, e assim seria até o final de seus dias – inclusive para ela própria.

Soterrada pelo clássico sentimento de não saber o que havia feito para desmerecer o amor de seus filhos, a verdade é que tal questionamento, vazio, nada mais era do que o medo das respostas que poderia encontrar.

De natureza mais indomável que o irmão, Emanuel logo desistiu de entender as complexidades de sua própria família, e foi embora para a Espanha, onde construiria a sua longe de todos, e onde também construiria suas defesas, tornando-se um homem feliz, à revelia de quem quer que tivesse ficado para trás. Sobrou até para o irmão, inicialmente. O tempo e as tecnologias os aproximaram; ainda assim, mantinham uma distância saudável. César procurava não falar sobre a mãe, nem sobre o pai e sua morte, da qual o irmão soube e digeriu à sua maneira, também. Emanuel havia recebido a notícia como quem recebe na porta um agente da prefeitura e descobre que habita uma casa condenada. Se suas estruturas se abalaram, César jamais soube, porque o irmão não voltou ao Brasil para o enterro.

Sobrava César para lidar com a mãe. A desamada mãe. Aquela que havia chorado copiosamente quando soubera que o filho sairia da casa dos pais, mas que nunca o afagara entre seus braços em momento algum na vida. Ele nunca esqueceria o dia em que fora a um aniversário de um de seus muitos primos, todos reunidos, mais as outras crianças da vizinhança. Brincavam na rua e enchiam a barriga de salgadinhos e brigadeiros, até que de repente, numa correria qualquer, caiu, o joelho cheio de raladuras, o sangue pintando de vermelho o que antes era branco feito um lírio. O choro, convulsivo, ininterrupto, muito mais por drama do que por dor. A mãe veio com um copo de qualquer coisa na mão, olhou e disse a única coisa que saberia dizer, Já foi se danar, não é, César, olha aí no que é que dá! Uma tia chegou junto, olhou firme no olho da mãe dele e disse num tom de admoestação, Pare com isso. Ele é uma criança. Vem pra um aniversário para quê? Isso é coisa que acontece. E, virando-se para ele, Venha cá, meu filho, deixe a titia passar merthiolate. E aquilo ardia como se o próprio diabo estivesse soprando na ferida. Ele ainda procurou a mãe ao redor enquanto urrava, mas ela já deveria ter voltado para onde os outros adultos estavam.

    Foi essa mãe que, mais tarde, quis fuçar as coisas dele e do irmão. Mal um deles saía de casa, ela ia revirar os pertences. No começo, eles achavam que ela estava tentando apenas organizar as coisas. Adolescentes bagunceiros, alguém tinha mesmo que pôr uma certa ordem. E era essa a desculpa que ela dava. Até que um dia Emanuel viu a mãe com uma caixa nas mãos, lendo várias cartas que o irmão recebera. Que merda é que você está fazendo mexendo nas coisas do César, mãe? Emanuel era de afrontar. A começar por nunca chamá-la de senhora, nem ao pai de senhor, que eram regras da casa. A mãe se assustou, mas levantou a cabeça altiva, dona de si. Escute aqui, Emanuel. Essa casa é minha. Vocês moram aqui de favor. Enquanto for assim, quem faz as regras e diz o que pode e o que não pode, sou eu.

    Até parece que era mesmo assim. Bastava o pai dar um grito um pouco mais forte para ela baixar o tom de voz, toda obsequiosa. A mãe nunca mandara em nada, e seus filhos sabiam disso. Revoltado, Emanuel levantou a mão e bateu na caixa com força, que voou longe. Eu queria que o César chegasse *agora* pra lhe ver revirando as coisas dele! Isso é um absurdo, um absurdo! E eu não moro aqui de favor porra nenhuma! Eu não pedi pra nascer nessa família, vocês quem escolheram nos ter, então agora aguentem! Nós temos direito à privacidade, está ouvindo? Dane-se o que você pensa, mas você está errada! César vai ficar sabendo, pode ter certeza!, dizia ele aos berros, em frases que poderiam, sem dúvida, ser ouvidas do vizinho ao lado. E ele contava mesmo para o irmão.

Aos poucos, a mãe fora percebendo que a ameaça de um contar para o outro surtia efeito. Ela ia se sentindo cada vez mais acuada, porque não tinha o apoio do marido nessa questão – ele mesmo vítima das bisbilhotices dela, que vasculhava sua bolsa, sua carteira e mais tarde, quando ele passou a possuir um, o celular, em busca de evidências de traição, que ela terminava por encontrar, mas sobre as quais nunca tomava uma atitude. Assim, eram três contra um na casa.

Sua pequenez ficava cada dia mais evidente. E a última e única forma de sobrepujar-se a ela, ainda que apenas para si mesma, era tentando ser a alma mais benevolente da casa.

Tanta ambivalência só serviu para criar um sentimento igualmente dúbio em César. Se por um lado nunca conseguira amar a mãe; por outro, achava bonito sua disposição ao trabalho e sua vontade de ser prestativa e, embora esses não sejam sentimentos antagônicos, o que havia nele era uma grande tristeza por não conseguir admirá-la como pessoa sequer minimamente.

Valeria a pena desvendar o que havia construído esse apartheid entre eles? Talvez. Mas não achava que, mesmo revirado por eventuais sessões de psicanálise, iria à procura, mais uma vez, do amor de sua mãe. Ela sempre fora por demais limitada e imutável. Ele sabia que, cognitivamente, ela não tinha a capacidade de compreender o que realmente acontecia entre eles, pois a construção dela, a mais abrangente e interior, sempre foi muito frágil. A menina que um dia saíra do interior para ir estudar na capital não soube fazer nada além de ter um emprego que não a fazia feliz, casar-se com um homem que mais tarde deu provas de que com ela não era nem seria feliz, e teve dois filhos que desde muito jovens descobriram que, ali, não seriam felizes.

Era muita infelicidade habitando um só espaço, e onde a tristeza faz morada não há nada que floresça. Àquela altura da vida, César sabia muito bem que a ponte que um dia poderia tê-los unido já havia sido implodida há muitos anos, danificando também toda a área ao redor, o que impossibilitava qualquer reconstrução. De ausência em ausência, de ausência que transformou-se em omissão, medo e desamparo, caminharam todos, vendados, em direção ao abismo. E nele caíram, em resignado silêncio.

César aproximou-se da mãe para que ela lhe desse aquele mesmo beijo sem graça de todas as despedidas. Perto dela, ainda se espantava que hoje ela fosse menor que ele, ou dito de outra maneira, que parecesse tão miúda, apesar de ele mesmo não ser nenhum exemplar de grande estatura. Compreendia que seu corpo encarquilhado apenas refletia o que ela era. Antes, quando ele apenas a admirava e não compreendia muito bem o que era amor entre mãe e filho, apenas buscando-o incessantemente na mãe somente para perdê-lo completamente antes de descobrir, enxergava nela uma mulher enorme. Sua grandeza não demorou muito para ficar corcunda e, por fim, encolher.

Ela o beijou no rosto, ele deu um beijo rápido de volta. Nem seu cheiro deu tempo de sentir. Abriu a porta do apartamento da mãe carregando uma sacola de roupas limpas pela última vez, sentindo-se feliz: sua máquina de lavar havia chegado no dia anterior, não precisaria mais ficar naquele ir-e-vir sem fim, entrando com sacolas de roupas sujas e saindo com sacolas de roupas limpas. Foi isso que disse para si mesmo ao fechar a porta atrás de si.

Mas o que realmente o fez descer o elevador com um sorriso nos lábios era a certeza de que finalmente sentia-se liberto. E não existe nariz que dê conta de aspirar todo o ar da liberdade. E para quem acha mesmo que a liberdade não tem preço – pensou – tem sim. A dele foi o preço de uma máquina de lavar.

Enquanto meu pai não vem

Em criança, não tínhamos muito como escapar de rotinas pré-determinadas pelos nossos pais, uma vez que eram eles que ditavam as regras, do corte de cabelo à roupa que vestir e aonde ir e com quem.

Estudávamos na mesma escola, minha irmã e eu. Ela, um ano mais nova, saía da sua última aula e ia me esperar no portão de saída do colégio, onde ficávamos, raramente juntos, aguardando nosso pai, que saía do trabalho e nos pegava, geralmente uns quarenta minutos depois.

Era nesse intervalo de tempo, contudo, que as coisas aconteciam, e foi num desses momentos que eu me lembro de ter me apaixonado pela primeira vez.

Ela era alta, tinha um corpo curvilíneo sem ser magro – o tipo de corpo que eu tenderia a apreciar também em adulto, de pessoas que tivessem onde apertar – ,cabelos longos e pretos, como uma índia, e uns olhos claros que, aliados ao sorriso, seduziam mais do que o canto de uma sereia. E eu tinha a ilusão de que ela sorria para mim, quando a via passar em direção ao portão, indo buscar sua filha, que descobri ser uma das melhores amigas da minha irmã. Enquanto as duas ficavam conversando às minhas costas, eu sentava no batente do portão, pra que ela nunca deixasse de me ver, pra que eu pudesse sorrir para ela e receber um sorriso de volta, e ir pra casa feliz, satisfeito, e com ainda mais fome, essa coisa de bicho, incontrolável, que aumentava vorazmente quando eu a via – eu, que naquele tempo nada entendia das fomes do corpo.

Eu abria um sorriso e ela sempre sorria de volta, e era assim que nosso jogo de conquista se cumpria. Até que um dia eu a vi ao lado do marido, que parecia ser bem mais alto e forte do que eu – portanto, meu desejo de tirá-la dele aos murros, e levá-la comigo como só nas cavernas se fazia, liberando todo o meu primitivismo inconsequente, murchou ali mesmo. Como eu faria para tê-la comigo, então?

Estava claro que eu não faria coisa alguma. Tinha era que me contentar em sofrer minha paixão à distância. Estava fadado ao padecimento de amor romântico, no auge dos meus 11 anos. Mas a fome era insaciável, e eu continuava comendo. E por causa dela, também, continuava ébrio de amor.

Aos poucos, foi ficando claro para a filha que eu tinha algum tipo de paixão pela sua mãe, e até mesmo minha irmã notou, quando certo dia disse, dentro do carro, O Lauro está apaixonado pela mãe da Rafaele. É um idiota, mesmo. Tu num viu que ela é casada, não? Na cabeça da minha irmã, este era o grande problema, e não os mais de vinte anos que nos separavam, o que a tornaria uma pedófila de acordo com os padrões atuais.

Não custa lembrar que estudávamos num colégio católico.

A amizade entre minha irmã e a filha do alvo da minha paixão foi ficando cada vez mais sólida. Elas iam fazer trabalhos de colégio juntas, às vezes a Rafaele dormia em nossa casa, às vezes ela dormia lá, e eu ia vivendo minhas coisas de menino, curtindo esse samba cuja letra era marcada pela solidão.

Um dia, minha mãe foi nos pegar, ao invés de meu pai. Era raro, mas acontecia. E ela já chegou anunciando, A Rafaele vai com a gente. Minha irmã ficou logo animada, achando que a amiga ia almoçar em casa, conosco. Mas a mãe tratou logo de dispersar a alegria, Não, Isabel, nós vamos deixá-la em casa e depois vamos pra nossa.
Eu não tinha ainda ideia do que estava por vir, mas naquele instante fiquei amuado, porque não veria minha musa. E minha irmã ficou igualmente calada do outro lado, porque a amiga não iria lá pra casa. E a amiga também foi em silêncio, talvez por não saber como quebrá-lo, talvez por ela mesma estar quebrada, depois de cair em seus abismos.

Deixamos Rafaele na casa de sua avó, e eu perguntei à minha mãe, ansioso que estava por notícias da minha amada, Por que a gente teve que ir deixar a Rafaele em casa hoje? Fiquei sabendo que a mãe dela tinha precisado fazer uns exames, e que isso levaria o dia todo. Mas foi aí que tive a notícia que me fez ganhar meu dia, E os pais dela estão se divorciando, e por algum motivo ele não pôde ir pegá-la. Então agora ela poderá ser minha!, pensei de modo incoercível, até chegar em casa. Eu fazia planos, eu queria arranjar um emprego, queria poder sustentá-la e à filha, fazê-la feliz, já que aquele homem não conseguira, não quisera ou não pudera. Talvez amanhã, quando ela fosse buscar a Rafaele, eu pudesse juntar coragem e ir falar com ela, oferecer meu ombro, meu carinho, e quem sabe?

Juntei toda a minha coragem para, no dia seguinte, não apenas sorrir pra ela, mas me levantar, apertar sua mão, e aos poucos ir tentando puxar assunto, conversar, e adentrar no processo de sedução máxima entre dois seres humanos: o convite para sair. Estava tudo arquitetado na minha cabeça, só ia depender da receptividade dela aos meus planos.

Só que no dia seguinte, ela não foi. Nem no outro. No terceiro dia, foi a Rafaele quem faltou, então eu sabia com certeza que não veria sua mãe. Minha vontade de comer passava. Em casa, meu pai me forçava a ingerir alguma coisa, com as velhas ameaças de que eu não teria sucesso na escola, nem cresceria, se não me alimentasse direito. Eu pouco me importava em passar na escola ou crescer. *Que se dane tudo!*, eu pensava. E não aparecia ninguém para me dar notícias. Eu passava o dia inteiro na escola esperando a hora da aula terminar pra ver se a mãe da Rafaele apareceria, mas nada. Nem a própria Rafaele, nem ninguém. Perguntei pra minha irmã, que me respondeu com um seco Parece que a mãe dela tá doente, e não disse mais nenhuma palavra.

Na semana seguinte, Rafaele voltou às aulas. Esperança renovada de que a gripe da sua mãe tivesse curado e eu pudesse colocar meu plano em prática. Mas quem apareceu foi uma senhora baixa e atarracada, com um olhar de quem já tinha desistido de viver. Ela chegou, fez um gesto com a mão e Rafaele a seguiu, bichinho acuado e obediente, rumo a algum carro que eu não via do lugar onde estava, provavelmente estacionado na outra esquina.

E assim os dias viraram semanas e meses. Por algum motivo, a mãe de Rafaele não vinha mais pegá-la, só a avó. Normal, pensei, lá em casa mesmo às vezes, quando um não podia vir, por causa do trabalho ou algum outro contratempo, quem vinha era o outro.

Perto do final do semestre, eu soube de tudo.
Enquanto almoçávamos para ir à escola, minha irmã caiu no choro. Um choro convulsivo e incompreensível. Será que ela estava ficando doida?, pensei na mesma hora em que vi minha irmã soluçando diante de um prato de comida que ela gostava. Não fazia sentido.
Não, não estava. Eu, o futuro marido, fui o último a saber. Senti-me traído, dilacerado, acabado, mas era como se as pessoas estivessem escondendo tudo de mim deliberadamente, numa tentativa esdrúxula de me poupar de algo – quando, na verdade, o pouco que se sabia até então não me era dito porque lá em casa cada qual vivia no seu próprio mundo, e o mundo de um não se interseccionava com o do outro. Portanto, se Rafaele não era minha amiga, eu não tinha motivo pra querer saber o que quer que se passasse em sua vida particular. Nada me impedia, porém, de me sentir arrasado.
Minha mãe correu para acudir minha irmã Isabel, que a esta altura já babava com a boca cheia de comida, e dizia que não conseguia engolir o que tinha na boca, que isso e aquilo, num ataque dramático-histérico que parecia que a mãe era a dela.
Sem nada entender, olhei para a minha mãe, que conseguiu me explicar depois de limpar minha irmã e fazer com que ela trocasse a camisa do uniforme para ir à escola, que a mãe da Rafaele estava com C. A.
Eu não fazia ideia do que fosse aquilo, mas pela situação que se criara ali, não era nada bom, nada bom. E as duas, minha mãe e minha irmã, pareciam saber mais detalhes do que fosse esse tal de C. A., e do destino que aguardava quem tinha esse negócio. Perguntei a ela o que aquilo significava. Sua vó, Lauro, a minha mãe, morreu de C. A. também. A

avó que você mal conheceu, que lhe botou no colo e disse É uma pena que não vou vê-lo crescer, morreu bem novinha também. E eu fico morrendo de pena – e nessa hora ela também não se fez de rogada e seguiu o exemplo da minha irmã, que quando viu a mãe chorar voltou a fazer o mesmo – que a Rafaele vá ficar sem mãe tão cedo. Não é justo, meu Deus, não é justo!, disse, chorando.

Meu coração parou de bater por alguns segundos. Eu estava perplexo. Depois de ver toda aquela cena, ainda ser informado de que a mulher da minha vida morreria. Eu mal conseguia conceber tudo aquilo. Aliás, eu não conseguia de jeito nenhum. E minha reação ao lidar com algo que não posso compreender era aos 11, como é até hoje, parar com cara de estupefação, para só depois do que parecem longas conjeturas, agir. Mas eu não consegui. Naquele dia, eu tive a certeza de que jamais veria a mãe de Rafaele novamente.

E de fato, nunca mais a vi. Soube, anos depois, que o pai de Rafaele se divorciou dela no ápice do tratamento contra o câncer. Sem condições de cuidar da filha e com vergonha de si mesma por ter sido mutilada ao retirar as mamas, numa época em que reconstruí-las custava muito dinheiro, e dinheiro esse que ela não tinha, Rafaele foi deixada com os avós maternos, que cuidavam dela como se filha fosse, enquanto esses mesmos avós tinham que lidar com a certeza cada vez mais premente da perda da própria filha.

Por fim, ela morreu. Dali em diante, Rafaele se transformou em mulher. Ninguém passa incólume a uma perda tão precoce, e não foi diferente com ela. Porque minha irmã ainda tinha mãe e não amadureceu tão rapidamente, as duas seguiram caminhos distintos, assim como eu, viúvo de um amor que não pôde ser concebido.

Cresci com a certeza de haver aprendido, com aquele episódio, muito mais sobre o amor e a morte do que poderia aprender se a vida tivesse me ensinado aos poucos. Aprendi outras coisas também. Eu não conseguia entender como alguém poderia ser tão pouco humano como foi o pai de Rafaele. Compreendi que eu jamais abandonaria um amor. Entendi também que se a vida, o amor e a morte são todos fatores profundamente interligados, quem não consegue lidar com a grandiosidade desses três, só entende de coisas desnecessárias.

O jardim de pedras

Mal o carro parou na frente da casa, Emília compreendeu que era ali o lugar. Embora já tivesse estado lá várias vezes, a viagem era sempre cansativa e ela chegava sonolenta. Isso até avistar a propriedade. Então, quase não se continha dentro de seu pequeno corpo. Anda, vô, abre logo a porta do carro que eu quero ver a mãe, disse ela assim que sentiu o veículo parar em frente ao casarão para onde tinham levado sua mãe há mais de seis meses, embora ela não tivesse exata dimensão desse tempo. Poderia ser bem mais ou bem menos. O homem parecia alheio a tudo. Em vez de abrir a porta, baixou o vidro do veículo. Vovô, abre a porta logo, por favor? Estamos loucas de saudade da mamãe. Ela ouviu o barulho do destravamento e saiu, chamando pela irmã, que parecia relutante. Olívia, corre aqui! Está com medo do quê? Se você ficar pra trás a mamãe vai achar que você continua a fraquinha de sempre e que não cresceu.

De repente o avô pareceu despertar para a vida. Abriu a porta e acelerou o passo em direção à neta, que já corria desabaladamente para o portão da frente da casa, apoiando-se na lateral do veículo. Emília, dá pra você parar de correr? Eu não tenho fôlego pra acompanhar seu ritmo. Ah, vô, pois então fique aí com a Olívia, que também não está com muita pressa. Alguém abre o portão!, gritou por entre as grades, já com o rosto virado para dentro da propriedade.

A casa era realmente enorme, alta e tinha uma delicadeza soturna. Emília não compreendia aquilo muito bem, mas se era ali que a mãe estava, então pouco importava, muito menos as horas de carro que levavam para chegar lá todas as vezes que vinham visitá-la.

Agora, finalmente de férias, poderia ficar muitos dias ali, com aquelas que ela julgava serem as melhores companhias do mundo: a mãe e a irmã. Teriam tempo para brincar a esmo, sem preocupações com tarefas e hora para tudo. Com quase uma década no mundo, ela começava a compreender o valor das regras da vida, mas assim como toda criança, prezava sobretudo pela liberdade.

Uma mulher de uniforme aproximou-se para abrir o portão. Oi, Joana, tudo bom?, disse Emília com um sorriso que não escondia sua agonia e uma pergunta feita só por educação. Ela queria mesmo era saber outra coisa: Onde está minha mãe? A resposta foi direta, No quarto, como quase sempre. Você já sabe chegar lá, não sabe? Claro que sei. Vamos, Olívia, quero ver se você chega lá em cima antes de mim! Joana e o avô trocaram olhares e um meio-sorriso. Era melhor que fosse assim, pareciam se dizer.

Emília chegou no quarto da mãe e entrou sem bater. A janela encontrava-se parcialmente fechada, e a mãe, deitada, coberta, como se estivesse com muito frio, apesar do dia ensolarado. Emília esticou-se para beijar o rosto da mãe, que tocou sua cabeça com dedos longos e vigorosos, embora o tenha feito como alguém que tenta reconhecer com a ponta dos dedos o que não consegue enxergar. Mãe, a Olívia está aqui, bem atrás de mim, disse, saindo da frente. Elisa abriu mais os olhos diante da aparição de Olívia, que não lhe parecia sorrir. Para ela, a filha tinha um semblante assustado, ao ver a mãe daquela maneira. Estaria doente? Oi, minha filha. Que bom que você veio, disse para a menina. Emília segurou na mão de Olívia e anunciou, Agora vamos brincar no quintal. Já guardaram suas coisas?, perguntou a mãe. Acho que a Joana já retirou nossas malas do carro. O vovô anda meio sem força nas pernas, acho que ele não teria como subir essas escadas com nossa bagagem, respondeu de volta. Emília... eu não queria que vocês fossem para o quintal agora. Mas é o lugar que a gente mais gosta!, reclamou. A mãe suspirou, concessiva, Tudo bem, então.

E lá se foram Emília e Olívia correndo para os fundos da casa.

O quintal era um terreno enorme, muito arborizado, com muitas plantas em toda parte. O verde habitava para onde quer que se olhasse. E era lindo de ver tanta natureza junta. O vento soprava pelas folhas das plantas de forma sincopada, mas constante, varrendo o chão e fazendo com que as cercas que delimitavam o quintal estivessem abarrotadas de folhas secas, na qual Emília e Olívia adoravam pisar, porque fazia um barulho quebradiço que lembrava comida gostosa sendo triturada na boca, como casquinha de sorvete. De vez em quando gatos surgiam por lá, pássaros também; lépidos, fugazes. Em geral, Emília passava bastante tempo ali. Gostava de correr ao ar livre, assim como de sentar-se a uma mesa feita de restos de madeira que havia mais para um canto, onde reunia seus lápis coloridos, tintas e papéis e desenhava, perdendo-se naquele instante e espaço, completamente transportada. Nessas horas, que Emília passava em evidente solidão, Olívia desaparecia, para tempos depois reaparecer e ver o que a irmã andava fazendo. Muito introspectiva, Emília não gostava de sobressaltos. Se a irmã atrapalhasse seu momento de criação, era rapidamente enxotada de lá.

Logo que chegaram ao quintal, porém, compreenderam por que a mãe não queria que elas fossem lá. Boa parte da terra estava encharcada, e era quase certeza que toda aquela lama junta iria acabar por reunir mosquitos, fora a possibilidade de muita sujeira. Olhando mais adiante, Emília avistou o jardim que a mãe vinha cultivando nos últimos tempos e dirigiu-se até ele. A terra ali também parecia úmida. A impressão que tinha era a de que ele estava em constante transformação. Flores plantadas ao redor da cerca formavam um imenso corredor colorido, mas a terra parecia sempre cavucada, por mais que tapetes de grama fossem colocados sobre ela.

Foi quando Emília avistou um crucifixo.

Lembrou-se imediatamente do Pitágoras, um cachorrinho que tiveram e que morreu subitamente, com poucos meses de vida, e que o pai havia enterrado no quintal da casa onde moravam; um espaço pequeno e sem vida, que em nada remetida à grandiosidade de onde agora se encontrava. Você lembra do Pitágoras, Olívia? Ela fez que não com a cabeça. No ano anterior, dois dias antes do seu aniversário de sete anos, seus pais haviam chamado Emília para um passeio, num dia em que Olívia estava na casa do avô, e contaram a ela que, muito pequena, Olívia levou uma queda que a deixou como ela era, mais caladinha, falando devagar uma palavra atrás da outra e com aquele andado esquisito. Mas a irmã achava que ela lembrava, sim, só ainda não conseguia elaborar bem as suas perdas. Papai o enterrou no quintal e também colocou uma cruz parecida com esta por cima do lugar onde ele ficou, disse, na tentativa de retirar algo de Olívia, que continuou calada. Com um graveto pequeno, mas resistente, Emília começou a remexer ao redor do crucifixo. Percebeu que a grama se soltava facilmente. Antes que pudesse continuar seu projeto de escavação, Joana apareceu ao seu lado e disse que ela fosse para dentro da casa imediatamente. Não era hora do almoço coisa nenhuma, mas foi isso que ela disse a Emília, que apenas olhou para a irmã e com um olhar também a convocou a obedecer.

Assim que entrou, perguntou pelo almoço. Joana disse apenas que ela fosse brincar com a irmã, Você não veio para cá de férias? Pois já para um dos quartos, brincar. Emília deu as costas e subiu um lance de escadas, em direção ao terceiro andar. Sem ser vista para onde ia, e apenas cochichando para a irmã, Emília chamou-a com um gesto para um quarto pequeno, perto da sala de estar. O que você quer fazer aí dentro?, perguntou Olívia, num fôlego longo. Vem cá que eu tenho uma coisa pra te mostrar, respondeu a irmã.

Era o mesmo grito, todos os dias. Na primeira vez, Joana e as outras duas empregadas da casa se assustaram e foram correndo até onde estava a mulher. O que houve, dona Elisa? O olhar era de impaciência, Eu não aguento mais essa casa, não aguento mais esse quarto. Há dois dias não saio daqui. Preciso criar. E onde estão minhas filhas?

Joana olhou para a outra empregada, que estava à porta. Chame o sr. Elizeu, Eduarda. E cochichando, falou, Acho que dona Elisa está um pouco perturbada. Ele apareceu algum tempo depois, e disse para a nora que ela precisava repousar. Eu preciso sair deste quarto, Elizeu, disse a ele assim que o viu entrar. Calma, Elisa. Precisamos de tempo. Você tem de se curar primeiro. Me curar de quê, se eu não estou doente? Você me entendeu, Elisa. Eu não vou colocar sua reputação em risco, nem seu nome.

Ele não disse, mas também estava preocupado com sua própria reputação. E sabia que se algo acontecesse a ela naquele estado de completa negação e histeria, toda uma família poderia ir fazer uma visita guiada ao inferno: a imprensa estava à espreita.

Elisa tentou levantar-se, mas o esforço anterior drenara suas energias, e ela caiu sobre os travesseiros. Elizeu aproximou-se, Amanhã você sai daí, Elisa, e vai para o jardim caminhar, respirar fundo. E logo mais estará se sentindo melhor.

As palavras do sogro eram compreensíveis. Desde que seu marido sumira e ela fora parar naquela casa enorme, sentia que estava lentamente ficando louca. Elisa sempre tivera muito medo de enlouquecer. Perdera o pai para uma demência causada pelo alcoolismo, e a mãe se suicidara pouco tempo depois. Sem irmãos e morando sozinha na mesma casa onde viveu toda a sua infância, fez um percurso em direção à arte, como forma de salvação. Conheceu Otávio, que seria seu futuro marido, na primeira vernissage que fez. Ele era um dos professores do museu onde aprendera a desenvolver suas próprias técnicas, mas nunca fora professor dela. Entretanto, estava lá para prestigiar o seu trabalho.

Nos anos que se seguiram, Otávio continuou a ensinar no museu, enquanto Elisa ganhava o mundo. Ora dando cursos, ora apresentando suas próprias pinturas e esculturas, seu nome se tornava cada vez mais requisitado, e a fama não demorou a chegar. Ficou famosa como um dia sonhara ser: apenas dentro do seu nicho, sem ares de celebridade. Podia andar na rua tranquilamente. Mas bastava estar em um lugar que respirasse arte para ser reconhecida, geralmente de forma muito educada, o que não perturbava seu semblante, sempre muito tranquilo e longilíneo.

Resignada, esperou o dia seguinte no quarto. Ela tinha em mente como superar tudo aquilo, e seguiria seu plano.

Com as mãos espalmadas diante de um álbum aberto, Emília olhou para Olívia e falou, Tá vendo aqui essa foto? Agora olha aqui o que eu tenho na bolsa, disse, retirando da sacola que carregava ao redor do pescoço um pequeno boneco de gesso, mal-acabado, mas claramente no formato de uma criança dormindo. Parece com você nessa foto em que você está deitada, disse ela para a irmã, apontando uma das fotos. Foi tudo o que eu consegui desenterrar antes da Joana mandar a gente sair do jardim. Olivia sorriu e perguntou, Você acha que isso é coisa da mamãe? Sim, falou a irmã. Acho... que sim, disse em seguida, tentando falar uma frase completa. Ela anda bem estranha, completou. Que será que anda inventando?, perguntou Emília, arregalando os olhos. E olha aqui essas anotações ao lado das fotos!

Eduarda, que vinha subindo as escadas com uma pilha de roupas para guardar, olhou rapidamente para dentro do quarto e saiu, descendo as escadas sem olhar para trás.

Das anotações à mão nas laterais das fotos no álbum de família:

Minhas amadas Olívia e Emília, dormindo juntas.
Olívia em seu primeiro dia de escola. Fazer estátua em tamanho real (1m 22cm)
Emília, um sorriso antes de tudo...
Olívia, em seu repouso (tb em tamanho natural)
Emília e Olívia saindo da natação – para sempre irmãs, amigas e filhas.

Eu já disse para a Joana que isso não vai acabar bem, disse Eduarda para Isolda, enquanto faziam o almoço. Joana estava mais afastada, só ouvindo. Onde já se viu deixar aquele monte de retrato perto das mãos de crianças? Joana se manifestou, E quem os deixou lá? Foi seu Elizeu que mandou eu colocar tudo na parte de cima do armário, lá no fundo. Mas sabe como é criança. Ainda mais estando de férias, disse Isolda. Férias?, disse Eduarda, e ela e Isolda riram, se entreolhando. Joana apertou o olhar em direção às duas, Se o seu Elizeu entra aqui e vê vocês fazendo troça desse assunto, eu não tenho nem dúvidas do que aconteceria a vocês... Ah, Joana, por favor. Menos, né? O que é que nos aconteceria, seu Elizeu ia matar a gente?

Emília acordou cedo no dia seguinte, ouvindo vozes preocupadas e gente correndo. Isolda havia passado mal durante a madrugada, e estava indo com Joana para um hospital na cidade. Nada preocupante, mas era preciso cuidar, foi o que lhes disse o avô.
Tranquilamente, desceu os degraus rumo ao jardim e foi brincar na areia. Com pouco tempo que estava no chão, começou a passar a mão por saliências, que aparentemente estavam em toda parte. A cada instante, novas descobertas. Sem ninguém para supervisionar sua brincadeira, Emília foi até a casa e pegou uma pequena pá. Pegou também um balde com água, que usou para umedecer a areia e facilitar seu trabalho. Com a mãe no quarto, a irmã ainda dormindo e somente uma das empregadas em casa, tudo parecia tranquilo. Para Emília, porém, o coração batia frenético. Ao longo de algumas horas, ela havia escavado nada menos que quatro estátuas de tamanhos variados. Todas pareciam anões de jardim, escondidos ali por algum motivo.

Algum tempo depois, Emília ouviu a irmã se aproximar. Pediu ajuda. Olívia ficou por perto, e ajudava pouco. Mas foi só quando ela retirou a quinta estátua e olhou para a irmã, que se lembrou de tudo. E embora não tivesse maturidade para unir uma coisa a outra, no seu âmago, começava a entender por que fora parar ali.

Em cenas rápidas, curtas e embaçadas, Emília lembrou-se do dia em que seus pais foram contar a ela sobre Olívia. Tenha mais paciência com sua irmãzinha, Emília. Ela passou por uma situação muito grave assim que nasceu, e um dia precisará muito de você.

Contaram tudo, inclusive que eles a haviam adotado quando Emília tinha pouco menos de um ano. Então ela não é minha irmã de verdade?, ela havia perguntado. O pai tomou a dianteira. Ela é sua irmã de verdade, sim. Irmãos se fazem no coração, disse ele, apontando para o próprio peito. Ela não é minha irmã!, disse a menina, começando a chorar. Elisa a recebeu no colo, onde ela enfiou o rosto, indo de encontro ao vestido da mãe. Calma, Emília, tenha calma.

Mas dali para frente, tudo foi um martírio. A relação das duas nunca mais foi a mesma. Emília dizia o tempo inteiro que Olívia não prestava para ser sua irmã, porque não eram do mesmo pai e da mesma mãe. Batia na menina por nada, montava armadilhas para ela dentro e fora de casa.

Quando Elisa e o marido finalmente decidiram levá-las a um psicólogo, o problema já era muito mais grave. Ambas se atracavam fisicamente todos os dias. Os corpos das duas viviam cheios de escoriações e marcas arroxeadas, e como Olívia parara completamente de falar, só se ouvia a versão de Emília e a dos pais, que pouco tempo passavam em casa. As empregadas, que poderiam falar mais, nunca foram chamadas ao consultório. Quando questionados sobre o motivo que os fizera demorar tanto a levar a meninas ali, ambos mencionaram as vidas atribuladas, as constantes viagens de Elisa, a certeza inicial de que conseguiriam resolver sozinhos e, sobretudo, o medo de que a notícia se alastrasse por onde não deveria. Então, num ato de audácia, o psicólogo perguntou, Quer dizer que vocês colocaram suas carreiras à frente do bem-estar das suas próprias filhas?

Otávio se levantou sem dizer nada e Elisa o seguiu. Três dias depois, Olívia estava morta.

A primeira providência de Otávio foi dizer para a esposa que precisavam lidar com a situação, mas que queria ir às autoridades. Você enlouqueceu?, perguntou Elisa, exasperada, abatida, mas sóbria, enquanto chamava o pai do marido para ajudar a mediar os acontecimentos. Com os pais mortos desde os anos 80, Elisa aprendera a lidar sozinha com seus problemas. Mas sabia da força que o sogro exerce sobre seu marido. Ele mesmo viúvo desde 1973, quando o avião que levava sua esposa caíra em Orly, nos arredores de Paris, compreendia a necessidade de ser uma fortaleza para si mesmo. Como ele era um empresário importante, sabia da importância da reputação de um nome. E era preciso que ele viesse dizer aquilo ao marido.

Mas não deu tempo. Quando Elizeu chegou à casa de Elisa e Otávio, ele já havia ido embora. Fizera uma pequena mala às pressas e disse que ia para outra cidade, esfriar a cabeça e sair daquele turbilhão. Emília permanecia em seu quarto.

Elizeu pediu para ver a neta. Quando chegou em seu quarto, viu a menina com as mãos sujas de sangue. Ela havia quebrado o vidro da janela e se cortado. Olhou para o avô e disse, chorando, A Olívia tentou me matar, vovô.

A partir dali, tudo se tornou uma espiral descendente.

Elisa surtou completamente. Elizeu reabriu um casarão antigo em estilo gótico que tinha a 80km dali, do qual nunca se desfizera porque fora nos jardins daquela casa que ele se casara com sua amada Marli. Mandou as três empregadas da casa para lá junto com a nora, sem dizer uma palavra sobre o ocorrido para elas. Compreendera que seria ele a organizar o enterro da neta, e que assim fosse. Sabia que ser sogro de quem era ajudava a manter seu nome nas colunas sociais, o que era bom para os negócios. Além do mais, pensou, Elisa merece, é uma boa mulher.

Naquele mesmo dia, Elizeu foi até a escola de Emília e explicou que ela se ausentaria por algum tempo, porque a irmã falecera de uma doença súbita e era preciso dar todo o apoio familiar para a menina naquele momento.

No dia seguinte, Olívia foi enterrada sem a presença de familiares, e Emília foi morar com o avô. Não podia ir morar ainda com a mãe porque precisava de acompanhamento psicológico, o que se sucedeu nos meses seguintes. A situação era delicada. Com avô e mãe com medo de perder o prestígio de seus nomes, a menina não podia falar da morte da irmã para o psicólogo, sob o risco de terem o escândalo divulgado nos jornais. E se a polícia soubesse do assassinato e do que fora feito para ocultá-lo, seria o fim por decreto.

A estratégia, contudo, deu certo. A menina nunca falou que pegara um canivete no bolso de uma bermuda do pai e que o enfiara na cabeça da irmã sete vezes. O psicólogo, por sua vez, apenas dizia que a menina precisava continuar o tratamento, porque ela claramente fazia da irmã uma constante amiga imaginária.

Elizeu achou a ideia ótima. Era uma forma de lidar com tudo aquilo, e se era pra ser assim, que assim fosse. Quando ela tivesse idade para entender o que tinha acontecido, eles a enviariam para morar fora do país, o que só poderia fazer bem a ela. Nesse meio-tempo, Elizeu contou para a nora sobre a irmã morta que Emília dizia ver, e deixou claro para as empregadas que respeitassem a menina quando ela se referisse a Olívia, entrando em sua fabulação particular. Todos na casa passaram a entrar naquele artifício doentio; alguns com mais, outros com menos facilidade, mas o fizeram sem pudor nem reservas.

Segundo Emília, a irmã a ajudava em tudo, além de lhe dar ideias ótimas. Sempre que o avô a ouvia falar em "ideias ótimas", respirava fundo longamente. Mas desde que começara a levar a neta para o casarão onde estava a mãe, as coisas pareciam que iam dar certo, enfim. A menina brincava todos os dias em todos os espaços, e isso a enchia novamente de vida, e parecia tirar sua mente do acontecido.

De sua parte, Elisa voltara a criar. Havia recebido fotos da filha morta, tiradas pelo avô a seu pedido, e começara a criar esculturas baseadas nestas fotos, bem como em outras, de outros álbuns de família. Fazia as esculturas e, depois de prontas, mandava as empregadas enterrarem-nas.

Foram as estátuas esculpidas pela mãe que agora Emília encontrava, uma a uma. As menores ela conseguia desenterrar. As maiores e mais pesadas, apenas parcialmente; de modo que em algumas horas todo o imenso jardim parecia estar repleto de estátuas da ilha de Páscoa.

Quando Emília ouviu o portão da casa sendo aberto, ouviu em seguida o grito incontido de Joana, O que diabos você fez, menina? Ah, meu Deus, eu sabia... Emília apenas olhou para ela, sem se abalar. E disse em seguida, Joana, eu converso com elas. E elas me respondem. Eu, Olívia, todos conversamos. Elas me chamaram e eu desenterrei. Por que vocês esconderam elas aqui?

Joana olhou para trás, mas não enxergou Elizeu. Era o momento de dizer a ele que não dava mais. Ela enlouqueceria se continuasse naquela casa, que em tudo a sufocava. A situação era nauseante, e ela sabia que se permanecesse ali, iria acabar enterrada também. Voltou para o carro estacionado na frente da casa. Foi quando notou que um outro carro se aproximava. Neste momento, Emília pareceu também ter visto o outro veículo, e saiu correndo em direção ao seu quarto. Joana parou e ficou observando, de longe. Seria a polícia, enfim? Sabia que também seria metida na investigação e provavelmente punida, mas por um segundo, desejou que fosse.

Surpreendeu-se quando viu Otávio sair do carro e dizer para o pai, Onde está minha filha? Elizeu se colocou diante do portão, mostrando um fôlego e uma força que não parecia mais ter depois de tantos meses numa luta que lhe tirava os dias de vida. Estava visivelmente mais envelhecido depois de tudo aquilo. Deixe-a aqui, Otávio. A menina está bem. O que você quer com ela? Eu vim para pegá-la, ele respondeu secamente. Preciso fazer o que deveria ter feito desde o início. E avançou sobre o terreno da casa, que ele conhecia bem, porque foi onde passara a própria infância. Subiu os degraus em direção ao quarto da filha. Ao abrir a porta, viu Emília chorando. Sem se perturbar, disse, Vamos sair daqui, Emília. A menina olhou para ele e disse, Olívia não quer ir, e eu não quero ir sem ela, papai. Esqueça a sua irmã. Você virá comigo.

Agarrou a menina pelo pulso e a levou em direção à frente da casa. Emília chorava convulsivamente. Ainda de maneira hostil, colocou a filha dentro do carro e saiu dali o mais rápido que pôde, para um destino que permaneceria para sempre ignorado.

O som das pessoas conversando, da música ambiente e dos garçons passando oferecendo aperitivos e bebidas não ofuscava em nada a beleza do lugar, onde todos pareciam confluir para o que haviam ido ali fazer àquela noite: apreciar a arte e o renascimento de Elisa Botage, aparentemente refeita depois de dois anos de uma terrível tragédia familiar, na qual perdera uma filha para uma doença misteriosa, quase ao mesmo tempo em que o marido a abandonara, sequestrando a outra filha do casal. Seria essa a história que um dia seria contada em sua biografia, e era a história em que ela mesma acreditava.

Na entrada, um painel enorme anunciava o novo trabalho da artista: *O legado da perda*. Várias esculturas, de diversos tamanhos, ocupavam profusamente todos os cômodos do salão, onde Elisa ainda reunira quadros e desenhos, todos feitos após ter retornado ao mundo dos vivos, como disse na entrevista coletiva, enquanto luzes e *flashes* espoucavam diante do seu rosto.

Os amigos lhe sorriam, e ela mesma caminhava com uma naturalidade que nunca parecera ter perdido. Era perceptível que Elisa estava bem. Mais do que contentes por vê-la bem, o que importava era que Elisa se *sentia* bem, e aquele era um sentimento promissor.

Elizeu aproximou-se dela e beijou-lhe a mão. Estou muito feliz por vê-la tão linda, Elisa. Ela sorriu e se deixou ser paparicada. A noite era dela, e nada em seus gestos parecia colocar em risco ou em dúvida esse sentimento.

Mal começara o evento e algumas peças já recebiam o adesivo de que haviam sido vendidas. Era um bom sinal, talvez o melhor de todos. Elisa sabia que aquele dia marcaria um novo ciclo.

E era mesmo preciso recomeçar. É preciso recomeçar o tempo todo.

Litoral

No dia em que meu filho se afogou eu havia chegado mais cedo em casa do trabalho, beijado minha esposa assim que a vi em nosso quarto e prometido a ela antes mesmo de tirar a camisa e os sapatos que daquele dia em diante eu não iria mais chegar em casa tarde do trabalho todas as noites, como vinha fazendo desde antes de Lucas nascer.

Ele tinha cinco anos.

Olhando para trás, meu casamento tinha crises que vinham em ondas, de modo que não é errado afirmar que ele sempre esteve à deriva, mesmo quando os problemas estavam aparentemente sob controle.

Posso dizer sem muita dúvida que assim que me casei, oito anos antes do nascimento do meu filho, eu já era um homem condenado à infelicidade no casamento. Pouco depois da lua de mel, meu pai morreu de uma queda, dessas que não deixam ninguém vivo: ele caiu de um sexto andar. Algum tempo depois fui procurado por um advogado e soube que eu era o único herdeiro de uma bolada que ele havia deixado, e eu nem sabia que o velho andava juntando dinheiro antes de cair – ou se jogar, pouco importa – da varanda do seu apartamento. Por que ele resolvera deixar uma soma em dinheiro para mim seria para sempre um mistério, já que nós nunca fomos próximos. Deve ter sido culpa por todos os males que me fez ao longo de mais de vinte anos, que só pararam quando um dia, durante uma discussão, eu botei o dedo no meio da cara dele e disse que aquela seria a última vez que ele tocaria em mim. Na noite daquele mesmo dia eu saí de casa, pra evitar uma merda maior. O certo é que a grana que o velho deixou serviu para eu abrir a minha empresa. Eu vinha me organizando para isso há muito tempo, o dinheiro acelerou o negócio. E a empresa crescia, crescia muito. Eu saía de casa todos os dias antes das 7 da manhã e chegava perto das dez da noite. Quando meu filho nasceu, mudei minha rotina durante os dois primeiros meses, após me recuperar do surto que tive; depois tudo voltou a ser como era antes, e por conta disso eu quase nunca o via acordado.

Suspeito que a ausência paterna seja mais ou menos como deixar seu telefone celular ligado de propósito durante a decolagem do avião onde você se encontra e ele despencar com tudo no solo: você nunca saberá se sua irresponsabilidade foi a responsável pela queda, mas não terá tempo de descobrir se ele foi só parte do problema ou se não teve porra nenhuma a ver com a tragédia.

De toda forma, o que eu queria de verdade era me eximir das culpas. Da culpa de ser um pai quase inexistente, da culpa de ser um marido infiel e mais do que tudo: da confusão que me causava ser um homem sem passado.

Toda a minha vida era uma fraude: eu mentia desde pequeno. Mentia para os meus pais por tudo, colocando nos outros responsabilidades que eram minhas. Mentia para meus primos, colegas de escola, vizinhos, tios, tias; tudo era margem para eu criar em cima da realidade. Como sempre tive uma mente hipercriativa, qualquer coisa era motivo para a invenção. Quando eu comecei a me dar conta de que as pessoas acreditavam, passei eu mesmo a acreditar no que dizia. Assim, para pessoas que eu conhecia em ambientes neutros – festas, viagens, faculdade – eu inventava que tinha ido a lugares do mundo onde nunca pusera os pés, na expectativa, talvez, de parecer mais interessante e, quem sabe, inteligente. Fabricava diplomas que só existiam no meu discurso, dizia falar línguas cujo alfabeto eu sequer conhecia.

Para alguém com o meu histórico, entretanto, foi quase inacreditável que, na noite em que conheci Fernanda, ela não tenha sido mais uma a cair na minha tessitura de inverdades. Eu estava prestes a me formar, mas continuava a ir a todas as calouradas da universidade. Fazia provas ainda de ressaca, deixava pra fazer a segunda chamada, mas ia. Aquele era o tempo em que eu me permitia tais cornucópias, ainda sem saber que meu elo com o fim da esbórnia estaria justamente em uma delas.

Cheguei animado numa rodinha de amigos, e lá estava ela. Brinquei com ela, perguntei seu nome e ofereci uma cerveja. Pouco tempo depois, já estávamos aos beijos, longe de todo mundo. Eu sabia que existiriam outros dias. Os dias que se seguiram também surgiram sem mentiras. Conversando sobre meus desejos, disse a ela, inclusive, que jamais quisera ter filhos. Talvez por isso tenhamos passado oito anos sem nenhuma criança em nossas vidas, exceto os filhos dos amigos, a maioria deles umas pestes que só quem aguentava eram ela e as mães deles, eu queria era distância. Ficava na varanda das casas e apartamentos em domingos de sol, comendo um churrasco junto com os outros maridos, vendo aquela mulherada se derramar por uma pirralhada que não parava de fazer barulho. Cheguei a me perguntar, certa vez, enquanto olhava aquele monte de moleque chato de um lado para o outro pedindo coisas com aquela voz que irritaria até monges, se eu, estando sozinho naquela casa e um deles caísse na piscina, ajudaria-o a sair de lá ou deixaria o mundo sem uma criança chata a mais.

Por causa disso, na semana seguinte fui fazer terapia. Minha própria psicanalista não conseguiu deixar de fazer um movimento com o lábio e a sobrancelha, aparentemente involuntário e que ela tentou disfarçar, quando eu narrei essa hipótese. Um dia, eu me encontrei com ela no shopping e vi que tinha filhos pequenos. Nunca mais pisei no consultório dela.

Fernanda veio com o papo de que eu ainda não "despertara" para a paternidade, mas que um dia iria receber o chamado "inevitável" da natureza. Respondi que já havia recebido esse chamado, sim, e que foi por isso mesmo que eu adotei duas cachorras. E elas me bastavam. Ela se calou e não tocou mais no assunto por um longo tempo, mas percebi que, naquele dia, ela havia ficado um tanto transtornada, e foi embora da minha casa sem se despedir direito. Eu estava pouco me lixando. Pelo menos, era o que eu pensava.

Comecei a conhecer outras mulheres, sexo casual, mas nenhuma trepava como a Fernanda. Quando ela veio com papo de casamento, indaguei, E essa história de filhos? A gente dá um jeito, ela disse. Eu segurei no braço dela e falei, Que jeito, Fernanda, você quer engravidar sem meu consentimento? Para com isso, Mauro, claro que não. Então, qual é o jeito?, voltei a questionar. Mauro, eu amo você. Quero viver a minha vida com você. Se daqui a um tempo você mudar de ideia, conversamos. Não é tão complicado quanto parece. Ela me pareceu resignada. Seria infeliz num casamento sem filhos? Resolvi arriscar, porque fora essa história de filhos, no resto a gente se dava muito bem.

No quarto ano do nosso casamento, uma das minhas cachorras morreu. E eu fiquei muito mal. Voltei pra terapia, porque estava sentindo que isso tinha algo a ver com minha paternidade reprimida, mas tratei de arranjar logo uma terapeuta que não poderia nem ter filhos pequenos nem netos pequenos. Mesmo assim, ela me fez questionar meu instinto paternal, e eu topei conversar sobre isso, inclusive às vezes levando a Fernanda nas sessões, por sugestão da psicanalista. Dois anos depois, Fernanda engravidou e Lucas nasceu. Tudo conversado antes, tudo certo. Só que eu me perdi de mim. Embora achasse o menino lindo, a minha cara, eu não queria estar perto dele. Saí de casa e fui para uma pousada, contratei um motorista, que ficaria à disposição de Fernanda para o que ela precisasse, até que eu conseguisse voltar para perto deles.

Com três semanas, voltei para casa. Pedi perdão à minha esposa, chorando, dizendo que não queria jamais que aquele começo tivesse sido daquele jeito, mas que aquele era um sentimento novo pra mim, e me assustava. Ela sabia o que eu tinha passado nas mãos do meu pai, e compreendeu. Por sessenta dias, eu fui o melhor pai do mundo, mas pouco depois desse período eu já não podia me ausentar do trabalho e, com isso, me ausentei de casa. Meus dias voltaram a ser exatamente como eram antes, e não demorou muito para eu compreender que estava tentando fugir do meu filho. Estranhamente, aquilo não me incomodava. Na verdade, o que me enchia o saco era o fato de que, obviamente, incomodava Fernanda, além de que ele tirava um tempo que poderia ser nosso, algo que eu previra desde muito antes e um problema para o qual eu não via formas de compensação, já que ele não iria simplesmente sumir das nossas vidas. Ainda que ele ficasse conosco por apenas dezoito anos, a enchação de saco ganhava contornos de eternidade.

Com minha inércia enquanto pai, Fernanda tentava, como é natural nesse tipo de mulher, compensar pelos dois. O resultado disso era que Lucas estava ficando um menino mimado e cheio de vontades. Era capaz da mãe dele colocá-lo pra dançar balé aos três anos, se assim ele quisesse, ainda que não tivesse a menor desenvoltura para aquilo naquela idade.

Por essa época, eu inventava viagens pela empresa que não existiam. Na verdade, eu viajava com mulheres que eu conhecia pela internet, dizendo para Fernanda que iria para congressos; afinal, nossa empresa precisava estar constantemente atualizada no que houvesse de novidade no mercado.

O que eu não imaginava era que aquela rotina de um casamento falido com um filho que eu não enxergava como sendo meu, consecutivas traições e muito trabalho acabassem por me exaurir e me deixar deprimido. A terapia já não me adiantava, eu tomava remédio pra dormir e pra me manter acordado. E isso teve um preço: Fernanda já vinha desconfiando de alguma coisa, com certeza, e como eu já andasse grogue de tanto remédio, um dia deixei o computador ligado com o *Skype* aberto. Não deu outra: ela foi lá e escancarou tudo.

Jamais esquecerei o rosto dela quando veio até onde eu estava e me mostrou todas as fotos que conseguiu abrir, todas as conversas, cada qual mais cheia de lascívia. Eu fiquei parado em frente a ela, porque não sou calhorda o suficiente para tentar me defender de algo tão irrefutável. Consegui ainda dizer algo que eu realmente sentia: Fernanda, pode parecer um absurdo, mas eu amo você. Eu disse outras coisas também, mas não vêm ao caso. Eu tentei abraçá-la, e ela não tentou escapar, mas não me abraçou de volta, eu fiquei lá, preso a ela como quem abraça uma árvore. Para minha surpresa, ela não chorava. Compreendi, naquele instante, que ali se encontrava o resumo da nossa vida desalmada. Um casal que poderia se amar plenamente, desde que um dos lados não fosse uma figura tão inescrupulosa e torpe. E, para completar, se não houvesse um filho, com o qual eu jamais deveria ter concordado. Tarde demais para refutá-lo. Fernanda sentia tudo isso. Minha ausência quase que completa não era apenas sentida, era fulminante para o que quer que pudéssemos ter juntos.

Eu não saí de casa, nem Fernanda. Mas passamos a dormir em quartos separados. No meio da noite, Lucas chegou no quarto onde eu dormia, mas eu ainda estava apenas deitado, lendo, um abajur ligado na minha cabeceira jogando uma luz indireta sobre o livro. Papai – eu nem sabia por que ele me chamava assim, já que eu só me referia a ele como Lucas. Na certa fazia parte do utópico ensinamento de sua mãe, que nutria a esperança de um vínculo, ainda que só na sua cabeça – agora a gente vai todo mundo dormir em quartos separados? Eu ajeitei os óculos no rosto e olhei para ele. Como assim, Lucas? Eu vi que a mamãe está dormindo num quarto, e que você está dormindo em outro. Agora estamos todos dormindo em três lugares diferentes, disse ele, levantando a mão esquerda e mostrando três dedos diante do meu rosto. É pra gente não se ver? Eu vou deixar de ver a mamãe também? Após essa pergunta, eu esperei um choro ou uma voz melíflua, que não veio. Ele ficou só parado, esperando a resposta.

Eu me sentei na cama e segurei o rosto dele, Não, Lucas. De onde você tirou essa ideia?, perguntei, querendo realmente compreendê-lo. Ao que ele respondeu, É que eu só vejo você quando acordo de madrugada, dormindo do lado da mamãe. Fiquei achando que era para cada qual morar no seu quarto...

Aquilo foi o suficiente.

Na manhã seguinte, narrei o ocorrido para a Fernanda. Disse a ela que estava sinceramente disposto a rever minha conduta como marido e pai, desde que ela me aceitasse de volta. Liguei para a empresa e disse que não ia, dispensei os empregados da casa e conversamos longamente, enquanto Lucas estava no colégio. Fui buscá-lo por volta de meio-dia. Quando chegamos, Fernanda me recebeu com um beijo no rosto quando me viu de mãos dadas com o nosso filho. Ainda que seco e distante, era um alento. Foi quando eu disse a mim mesmo que faria uma festa para comemorar nosso renascimento como família.

Na segunda, voltei a chegar tarde em casa, mas na terça voltei mais cedo, e assim que beijei minha mulher, fui logo dizendo que o dia anterior tinha sido o último em que chegaria tarde. E acrescentei o que ninguém poderia negar: A empresa não precisa de mim até esta hora. Ainda pensei em dizer algo como, Chega de fugir do meu filho, mas calei. Eu poderia despertar alguma tristeza adormecida, algo que se deveria evitar naquele momento delicado. Fomos os dois para o quarto do Lucas e lemos para ele, até que ele dormisse. Já passava das nove da noite.

Eu e Fernanda fomos para nosso quarto. Fechei as janelas e liguei o ar-condicionado, coloquei uma música ambiente e, naquele dia, fizemos amor. Teríamos a vida inteira pra trepar; naquele dia, eu só queria sentir cada mínima parte do desejo de minha esposa. Eu queria muito ser outro, ser aquele que eu sempre dizia que queria ser, mas do qual sempre me perdia, impelido pelos ventos trazidos pelas ondas do mar, me impulsionando para os oceanos sem fim.

Jamais ouvimos o momento em que Lucas se levantou e foi até a piscina, do outro lado da casa. Todo o ambiente estava decorado para a festa que faríamos dali a mais três dias. Lucas caiu na piscina, e por algum motivo, não conseguiu sequer gritar por socorro. Seus pulmões se encheram de água tão rapidamente, que o calor que dizem que um afogado sente ao perceber-se sem fôlego com as águas a tomar-lhe todo o espaço que deveria ser ocupado por ar, deve ter sido para ele apenas o espaço do crocitar de um corvo.

Encontramos seu corpo na manhã seguinte, quando fomos acordá-lo e vimos que ele não estava na cama. Na verdade, quem o encontrou boiando, quase da cor do azulejo, foi Madalena, a faxineira, que chegou cedo e nos ajudou na busca. Ela veio correndo e urrando, como se tivesse sido apunhalada e estivesse tentando escapar do seu agressor. Não conseguiu articular nenhuma palavra sequer. Só urrava de uma dor tão imensa que não caberia em outro gesto. Ela estava em nossa casa desde antes dele nascer.

Fernanda ficou em choque. Logo nossa casa estava repleta de parentes, muitos dos quais eu nunca vira. No funeral, na tarde do dia seguinte, sentei-me afastado de todos e pedi para um dos funcionários do local dizer a quem quisesse vir falar comigo que eu tinha preferido ficar sozinho. Não era mais a ausência buscada, quando tanto quisera que o Lucas não existisse. Era chegada a hora da ausência determinada por forças que regem os destinos e que serão para sempre incompreensíveis.

Não participei da missa de corpo presente. De onde estava, vi um pequeno caixão suspenso que me pareceu ainda menor, e as costas de muitas pessoas sentadas. O ambiente estava repleto. Esperei todos saírem. Fiquei de pé na porta da saída para receber os pêsames de parentes, amigos e funcionários. Peguei Fernanda pela mão e levei-a até o carro. Dirigi para casa em silêncio. Lá chegando, subimos as escadas e fomos direto para o quarto. Parecia outro lugar, completamente.

    Quero vender esta casa, Mauro. Não posso mais morar aqui, foi a primeira coisa que ela disse, ainda com uma voz ligeiramente anasalada de tanto chorar. Eu olhei bem dentro dos seus olhos e disse, Amanhã mesmo eu a colocarei à venda, meu amor. Sairemos daqui e vamos nos refazer de tudo isso.

    Dei-lhe um abraço repleto de ternura, encostando meu nariz em seu pescoço e sentindo-lhe o perfume, imaginando o corpo do meu filho debaixo da terra, àquela altura já apodrecendo. De olhos fechados naquele gesto, eu me percebia quase sorrir. Disse ainda em seu ouvido, num sussurro, Toda esta dor vai passar.

    Estranhamente, eu estava completamente em paz.

Perdendo o cabaço

Quando éramos todas adolescentes, umas mais outras menos doidas pra perder o cabaço, com nossos peitos deixando de ser limões para se tornarem peras, eu nem dava bola pro Silvio.

Minhas amigas viviam dizendo que ele me olhava cobiçando, que aqueles sedutores olhos verdes queriam me deixar bem madurinha na cama dele, mas eu achava aquele papo todo um saco, embora no colégio eu fosse das mais afoitas com os meninos. Só que pra mim era tudo uma grande brincadeira. Desejo disfarçado de brincadeira, claro, o que eu não tinha mesmo era coragem de dar um passo além. Nem consigo imaginar o que meu pai, um coronel do exército, faria se descobrisse que aos 14 anos eu tivesse dado pra alguém. De qualquer forma, Silvio não me interessava em nada. Apesar dos olhos e de ser alto, mesmo tão jovem já tinha os braços muito peludos e eu odeio homem peludo.

Três anos depois eu fiz o vestibular, passei e fui pra universidade cursar arquitetura, um sonho de infância. Perdi contato com a maioria das minhas amigas daquela época, mas sempre que eu ia para algum bar ou boate, invariavelmente me encontrava com o Silvio. No começo eu só dava um oi de longe, mas quando a coisa foi se tornando mais comum eu cheguei nele e perguntei, meio brincando meio a sério, se ele estava me seguindo. Ele riu com aqueles olhos sedutores e devolveu um Por que eu faria isso? Fiquei uns dois minutos sem resposta, disse que ia ali comprar uma bebida, volto já. Então agora ele que me esnobava? Bom, mas quem disse mesmo que eu queria algo com ele? Eu não tinha a menor intenção de voltar para onde ele estava, mas a boate onde estávamos não era tão grande e só tinha um ambiente onde a gente podia se sentar e dar uma pausa no meio daquela música maluca, que por coincidência parecia ser o lugar favorito do Silvio. Ambos de cervejinha na mão, olhei pra ele e falei, Sei lá, a gente vive se esbarrando nos lugares. Não te parece coisa de *stalker*? Pode ser, Isabella, mas eu não tô te stalkeando não. Eu entendi que parecia que eu estava forçando uma situação, com a qual ele já ficava muito do desconfortável, e caí fora dali.

    Mesmo já quase formada, às vezes com um ficante ou sozinha, continuava a cruzar com o Silvio nos cantos, ele mesmo algumas vezes acompanhado de mulher ou de amigos. Até que um dia ele sumiu. Eu tinha então uns 24 anos e estava namorando sério um garoto que depois me trocou por uma negona retinta. Eu sou dessas brancas que se tomarem coca-cola você é bem capaz de ver a bebida descendo garganta abaixo, com uns cabelos ruivos e umas sardinhas que me dão um charme muito sensual. Pra mim, é como se ele tivesse me trocado por um homem: foi atrás de algo que eu não poderia oferecer.

    Foi aí que eu me lembrei dos pelos do Silvio, do quanto eu achava aquilo insuportável, e me dei conta de que a gente nunca mais tinha se visto.

Um dia ligaram pra mim da escola onde eu estudei a vida inteira. Queriam saber se eu topava participar da reunião da turma de 95. Seria o universo conspirando pra que eu me encontrasse com o Silvio novamente? Topei na hora. No dia, uma hora antes do horário do evento eu já estava lá. Fiquei conversando com umas conhecidas de olho na portaria, pra ver que horas o Silvio passaria por ela pra eu disfarçadamente dar uma desculpa e correr pra onde ele estivesse.

O salão foi ficando lotado e nada do Silvio. Talvez ele estivesse em outra cidade agora, ou, por que não, simplesmente não tinha podido ir. Quando uma das minhas grandes amigas daquele tempo chegou, entre um salgadinho e outro – mas cautelosa, pra depois não ter que passar um mês tomando aquele suco detox que eu sempre achei medonho – comentei com ela a ausência do Silvio. Ela arregalou os olhos e perguntou, Então você não soube? Eu devo ter feito uma cara de espanto também, porque ela começou a rir, um riso meio constrangido. Está preso. Preso? Foi aí que eu soube que ele havia matado a namorada há uns dois anos e nada que o dinheirinho dos pais dele fizesse conseguia tirar o moço da prisão.

Sem saber de toda a nossa valsa de encontros e desencontros durante todos esses anos, ela ainda comentou, Parece que você tinha um sexto sentido desde aquele tempo, hein, Bella? Eu apenas sorri, sem dizer nada, e uns quinze minutos depois entrei no carro. De vidros fechados e som ligado, chorei todo o refrigerante que eu tinha tomado.

Hoje, estou em outra. Casei com um homem que eu sei que me ama de verdade. E todas as vezes que a gente vai pra cama, eu me sinto uma virgem; como diz naquela música, tocada pela primeiríssima vez. Ele tem uns pelinhos no braço e no peito, mas quem disse que isso é problema?

O que Abel tinha a ofertar e Caim a receber

Soube pelos outros que levaria mais de cinco horas para chegar até a penitenciária onde estava preso meu irmão. Me disseram que o ônibus parava muito na estrada e que os buracos não ajudavam.

Ainda era de madrugada quando resolvi levantar da cama de vez e me colocar a caminho. Eu havia tentado dormir, mas cadê que o sono vinha? Aliás, não era um problema só daquela noite. Na semana anterior, atendi ao telefone bem na hora que colocava o prato para almoçar. Fábio? Pois não? Teu irmão quer falar contigo, disse uma voz que não esperou resposta. Seguiu-se uma pancada seca, que eu reconheci como sendo o de um telefone batendo em uma mesa. Eu, que um dia tive dois, já estava acostumado a pensar que não tinha mais nenhum. Um porque estava preso. O outro porque havia sido morto pelo que estava preso. Por isso mesmo eu já ia abrir a boca para dizer que não tinha irmão nenhum, mas o cara do outro lado não me ouvia mais, e eu fiquei sem reação diante daquela frase, de modo que deixei o telefone junto ao ouvido. Enquanto um mundo de coisas se passava pela minha cabeça, eu intuí que estava a bem poucos segundos de ter a vida completamente devastada.

Alô, Fábio?, disse a voz que me fez retornar ao chão que eu pisava, mas eu não consegui responder naquele exato momento. Ouvia minha própria respiração ao telefone: curta, tensa. Fábio, eu sei que você está aí. Por favor, me ouça. Pode falar, consegui dizer. Ouvi uma longa expiração de alívio. Eu estou livre, cara. Sei que vacilei, mas eu estou tão perdido, meu irmão. Não me chame de irmão, devolvi, grosso. Tudo bem. Mas por favor, vem me pegar. Quase quinze anos sem te ver, bicho. Nem achei que teu telefone fosse ser o mesmo. Eu parei completamente no tempo, afirmou ele, quase num sussurro. Eu também. Por culpa sua, pensei em dizer. Mas mais uma vez, não disse nada. Inclusive porque isso poderia não ser completamente verdade. Talvez com medo do que poderia representar meu silêncio, Paulo não me dava trégua, e preenchia o vazio com alguma fala. Você vem?, insistiu. Eu não quero sair daqui sozinho. Posso ir, disse por fim.

Perguntei quando ele estaria oficialmente livre. Ele me respondeu que dali a quatro dias a papelada estaria pronta e ele seria solto. Eu disse que não tinha carro, mas que iria lá buscá-lo. Ele agradeceu emocionado, e desligou antes que eu mudasse de ideia.

Olhei para a cara do meu irmão e soltei um seco Vamos embora. Assim mesmo. Sem abraço nem aperto de mão, sem nenhuma lágrima. Ele me seguiu sem dar uma palavra, e assim fomos até a rodoviária, não mais que um arremedo de ponto de ônibus onde os veículos que vinham de diversas localidades iam se enfileirando de forma mais ou menos organizada para pegar outros passageiros. Eu morava a mais de 200 quilômetros dali. Com uma estrada sem fim à nossa frente, teríamos tempo pra conversar. Comprei duas passagens nas últimas poltronas e entramos, ainda em silêncio. Eu não sabia como iniciar uma conversa, e Paulo parecia ter medo de dizer qualquer coisa. Sua cara era a de um animal amedrontado. E ele devia estar, mesmo. Com tanto tempo enjaulado, havia se tornado um semibicho que agora, por necessidade, não se permitiria bestializar-se.

Quando o ônibus pegou a estrada Paulo comentou, sem olhar pra mim, Quero começar dizendo tudo o que deu errado. Eu olhei pra ele e disse, Mas isso eu já sei. Mesmo assim, eu quero falar, quero que você me ouça. Respirei fundo longamente. Lembrei que isso era algo que eu sempre fazia para mostrar impaciência quando éramos crianças. Eu senti o olhar do meu irmão em mim. Mesmo de canto de olho, era um olhar pesado. Impressionante como tudo está tão diferente, começou ele, tentando desviar do assunto que realmente queria falar. Eu continuei calado. Tudo tão moderno, Fábio. Vejo os detalhes do ônibus, das poltronas, os letreiros do lado de fora, o telefone celular, tudo parece outro mundo. E é, falei. Ele balançou a cabeça. De uns anos pra cá as coisas começaram a mudar mais rápido do que conseguimos acompanhar, complementei.

Silêncio.

Pensei que você não fosse me buscar, Paulo disse, num tom triste e baixo. Pensei mesmo em não ir. Como estão pai e mãe?, ele quis saber, numa nova tentativa de mudar o rumo da conversa. Mortos, respondi, sem lubrificar. Ele olhou pra mim novamente, e eu, sádico, retribuí o olhar. Seu rosto estava pálido, mas ele disse apenas, Quando foi, Fábio? Várias maneiras de responder àquela pergunta passaram pela minha cabeça. Eu poderia ter sido grosso, poderia ter escarnecido em cima dele, com o ódio que eu sabia dentro de mim, embora contido. Mas optei por um outro viés, e foi quando comecei a compreender que estava baixando minha guarda, O pai morreu pouco mais de três anos depois que você foi preso. Do quê?, soltou antes que eu pudesse continuar. Coração. Ele foi definhando, definhando, até se acabar. Um dia, o coração parou, simplesmente. Paulo compreendeu a relevância daquelas palavras. Tudo estava dentro nelas. E a mãe? Soltei o ar lenta e longamente, como se tragasse um cigarro. A mãe sofreu um acidente de carro. Mas ela não morreu nele. Uns dois anos após a morte do pai ela arrumou um namorado – Sério?, disse Paulo. E bem quando eles voltavam de uma festa, o carro deles foi ultrapassado por outro numa curva, e esse carro bateu de frente com um outro, que vinha na pista oposta. Os dois carros bateram no carro onde a mãe estava, fazendo deles os terceiros envolvidos nessa história. Morreu gente nos dois outros carros, mas no que estava a mãe, não. Então, o que aconteceu?, Paulo perguntou intrigado. A mãe quebrou um braço e a bacia. Passou meses fazendo exames e fisioterapia. Descobriu-se que ela havia ficado com uns coágulos, por causa do acidente. E um dia eles se desprenderam e explodiram na cabeça dela. Morreu na hora, tornando-a uma vítima indireta do acidente. Que merda de azar, hein?, disse Paulo, quase para si mesmo. Eu sabia que a morte da nossa mãe não o comoveria tanto quanto a do nosso pai, a quem ele sempre foi mais chegado, e que também tivera predileção inegável por ele, por isso poupei-o dos detalhes da morte de um e disse tudo o que queria sobre a do outro. Maior azar teve você, que passou esse tempo encarcerado. Fiz por merecer, ele disse, resignado.

    Aos 28 anos, Paulo matara nosso irmão mais novo a facadas. Ele sempre negou, disse que na verdade, durante uma briga, havia puxado uma faca para tentar inibir a aproximação do nosso irmão, que estava, como quase sempre, sob efeito de drogas, quando se tornava muito violento. À época, aliado ao uso de drogas havia uma profunda depressão, e ele pediu para ser morto, entre pedindo e ameaçando se matar. Antes que Paulo pudesse fazer qualquer movimento, ele se jogou sobre a faca em riste, segurou em sua mão e movimentou a lâmina dentro de seu estômago, como se estivesse eviscerando um peixe.

Eu soube do que acontecera no trabalho. Minha mãe me ligou aos prantos, e como não consegui entender mais do que palavras entrecortadas do que ela dizia, corri pra casa dela, onde já encontrei o carro da perícia e o corpo do meu irmão tombado no chão da cozinha. Foi o começo de um calvário que não teria fim com a liberdade de Paulo quinze anos depois. Ao contrário, a morte do meu irmão foi o decreto de várias mortes que não teriam fim nunca.

Em princípio ninguém compreendeu. Paulo sempre fora o sujeito boa-praça, amigo de todo mundo, era o mais bonito dos irmãos e o mais sociável. Na época de escola, era aquele cara que passa a aula bagunçando mas no final do ano sempre consegue tirar boas notas e ainda passava cola para os colegas. Eu, dois anos mais velho, sempre me sentia um pouco enciumado, mas aos poucos aprendi a lidar com aquilo que eu não tinha condições de modificar.

Como estávamos diante de uma situação muito complexa e confusa, algumas pessoas ficaram ao lado dele, outras argumentavam que aquela não fora a maneira mais sábia de lidar com um irmão viciado em drogas e deprimido, de modo que ainda que ele tivesse se jogado na faca empunhada por ele, para estas pessoas, Paulo havia assassinado o próprio irmão.

Esse também foi o entendimento da justiça. Fábio foi condenado a mais de quarenta anos de prisão. Quando estava prestes a ser libertado por bom comportamento, envolveu-se numa briga entre os presos, e acabou tendo a decisão revogada, então a justiça resolveu deixá-lo mofar lá mais um tempo até que ele pudesse solicitar a condicional novamente.

A briga em que se meteu foi o tiro que estava faltando para fazer com que todos se afastassem dele. A essa altura, nosso pai já havia morrido, e como ele nunca casara nem tivera filhos, não sobrou ninguém. Isto é, no começo até tinha uns amigos que iam visitá-lo ocasionalmente, mas depois que souberam da confusão na penitenciária, os poucos que ainda pareciam se importar com ele sumiram de vez. Inclusive eu, que coloquei em xeque a versão dele e, aos poucos, passei a acreditar no que diziam.

Quando o coração se alinha ao tempo, ele tende a enterrar as dores. Pelo menos na superfície, porque agora, enquanto fazíamos o percurso de volta para casa, a casa onde moramos com os nossos pais e na qual havíamos passado a infância, eu sentia, ou intuía, que as coisas mudariam em definitivo. Senti-lo perto de mim, sentir o calor do seu corpo tão perto do meu, na poltrona ao lado, fazia com que toda a ira que eu mantivera escondida esses anos todos se assomasse novamente, pedindo passagem. E ao mesmo tempo, eu me refreava. Afinal, eu também o abandonara. De todos, só sobrara eu, e eu me isentara de qualquer responsabilidade para com meu irmão todos esses anos. Por muitas vezes desejei que ele morresse na prisão. Ao pensar dessa maneira eu acreditava estar me protegendo, buscando uma forma de me distanciar daquele que eu já não reconhecia mais como um próximo, sem compreender que na verdade eu construía, pouco a pouco, um muro ao meu redor, onde estava condenado a morrer por inanição. Não tem nada a ver com síndrome de Estocolmo até porque, no fim das contas, entre nós não se sabe quem é refém de quem. Gostaria que você me contasse como está a casa agora, Paulo me pediu. Ele se referia à casa dos nossos pais, onde eu passei a morar desde a morte deles, sozinho. Expliquei que não muito diferente de quinze anos atrás. Havíamos perdido o quintal, porque era um terreno enorme que decidi vender por ser difícil de cuidar. Paulo fez menção de dizer algo, mas ficou calado. Eu sabia o que ele pensava: aquele quintal foi o grande palco da nossa infância, onde éramos heróis e vilões, onde sonhávamos em direção a uma outra realidade, a que tornava o impossível um imenso campo de possibilidades. Pouco depois, Paulo falou. E quando o fez, eu não consegui ter outra reação a não ser ouvi-lo.

Insisto em falar sobre o que acho que deu errado, Fábio, embora eu mesmo não saiba precisar muito bem. Tenho minhas suspeitas, e tenho você aqui ao meu lado, e para mim tudo é um enigma. A viagem ainda vai ser longa, repara como lá fora está tudo seco. O que há de viço ainda vai se demorar. O que há de belo a ser visto, tarda. Não olhe pra mim com essa cara, meu irmão, porque eu estar aqui ao seu lado já é metade do caminho a percorrer.
Perguntei sobre a casa dos nossos pais porque você sabe da importância daquele lugar para mim, e do quintal do qual você se desfez, onde imaginávamos toda a realidade para a qual queríamos escapar. Você e seu anseio por um terceiro irmão que nunca veio, eu e minha vontade de me aproximar, me ofertando a você numa ampla tentativa de ser o irmão que você desejava. A venda do terreno é com-

preensível. Não havia planos de voltar a me ver, e manter aquele espaço tão grande era dispendioso. Sei também o quanto ele devia evocar lembranças que você preferiria enterrar. Mas o fato de estarmos aqui, lado a lado, mostra que ninguém se desfaz das memórias como quem coloca fogo em papel. Posso segurar na sua mão? Deixem que pensem, Fábio, essa não é a hora de se ater a isso.

Você sabe o quanto eu fui contra sua internação quando você enlouqueceu. Pelo menos era esse o termo que nosso pai usava, e segundo ele, reproduzindo as palavras dos médicos, sem a menor intenção de lhe diminuir em nada. Foi muito duro para mim todos esses anos longe de você, e me custaria muito inventariar todas as ausências que senti nesse tempo.

Entretanto, Fábio, eu não poderia fazer nada contra o que aconteceu. Você já usava drogas há um tempo, e ter tentado matar minha noiva durante um surto foi o que estava faltando e você sabe disso. As coisas se tornaram insuportáveis a partir de então. E você teve de mudar de endereço. Quando os médicos começaram a liberá-lo para me visitar, ainda que acompanhado de algum psiquiatra, achei que nosso elo seria retomado, cada qual à sua maneira. Àquela altura já estávamos a uma distância imensurável, Fábio, que nem mesmo o deslocamento parecia reduzir. Por isso compreendi quando as visitas começaram a rarear. E agora que sei que nossos pais estão mortos, compreendo por que fui abraçado pela solidão na prisão. Sim, eu sei disso também. Sei que com o passar do tempo os amigos deixam de ir visitar, quando se vai deixando de ser amigo para se tornar um desconhecido. Ter ficado sem ninguém não era um destino, era apenas o que se podia esperar na minha circunstância.

A grande solidão ficou para sua mulher e filho, que me convidaram a morar com eles depois que você foi internado e minha noiva não quis mais estar comigo. Só a Laura e o Benjamin sabiam o que aconteceu comigo, Fábio. Entendo que você não queira ouvir falar sobre eles, mas você já pensou em mim também? Depois que Mara me deixou e voltou para o Rio, já totalmente recuperada do atentado, eu perdi o emprego e fiquei morando de favor na casa que era sua. Não, cara, nunca comi a sua mulher. Não foi por isso que eu matei ela e o Benjamin. Eu acabei com ela porque eu não aguentava mais ouvir todos os dias que a culpa do que tinha lhe acontecido era minha. Todos os dias eu sentia minha vida desabando, minha cabeça rodando, e eu tendo que ouvir aquilo da tua mulher. O que ela queria que eu fizesse? Você tinha tentado matar uma pessoa. Pouco depois, lhe diagnosticaram esquizofrênico, pra onde ela queria que lhe mandassem, afinal? Foi então que eu demonstrei ser capaz da mesma coisa que você quase conseguiu fazer. Eu queria mostrar para você que eu conseguiria lhe atingir exatamente onde você tentou, mas falhou. Eu olho para você e vejo a mim mesmo, Fábio. Talvez como uma maneira anódina de sentir aquilo que nos demos o tempo inteiro, inclusive agora, neste momento. Passamos a vida a nos dar muito menos do que poderíamos, e por quê? Se você não sabe a resposta, eu sei: nunca fomos diferentes de verdade, mesmo quando eu queria me vestir de mulher e você queria me encher de porrada. Nunca deixei de te entender, nem mesmo aí, quando você me nivelava por aquilo que reprimia em si. Você nunca foi capaz de compreender os meus desejos, e eu me odiava por isso, como se houvesse uma falha de caráter por eu ter fetiches. Pouco tempo depois, eu descobri os seus, meio sem querer. Foi então que percebi que na verdade, Fábio, na bem da verdade, nada nos distingue, porque habitamos o mesmo corpo. Pode rir. Mas eu sei.

O ônibus de Paulo parou na estrada.
Ele ergueu a cabeça e olhou para frente. Bem que haviam dito a ele que havia muitos buracos durante todo o percurso, na certa estavam com problemas.
O ônibus de Fábio parou na estrada.
Ele intuiu na mesma hora que o ônibus tinha quebrado. Recolheu da poltrona ao lado, que estava desocupada, o caderno com o lápis onde vinha escrevendo durante o percurso da viagem.
Seus ônibus jamais se encontrariam.
Paulo desceu. Fábio fez o mesmo.
Fábio passou a mão na cicatriz, lembrou-se de tudo o que havia lhe ocorrido, e desejou nunca ter ido ao encontro do irmão.
Paulo tateou a cicatriz, entendeu que aquela situação lhe dizia algo, e desejou jamais ter ligado para o irmão.
O motorista do ônibus de Paulo avisou que um outro ônibus iria pegá-los, e que aquele seria consertado ali mesmo, mas levaria mais tempo do que o outro levaria para chegar e dar continuidade à viagem.
O motorista do ônibus de Fábio fez o mesmo.
Paulo perguntou para onde iria o ônibus em que estavam, depois que fosse consertado.
Fábio perguntou o destino do ônibus onde se encontrava, depois que o problema fosse resolvido.
Ouviram do motorista que ele voltaria para o ponto de origem, já que um veículo suplente iria levar todos para onde queriam ir.
Se eu quiser, posso ficar nesse ônibus e voltar?, perguntaram Paulo e Fábio.

Ambos receberam sim como resposta, e entenderam aquilo como um sinal.

Fábio olhou para o céu e pediu a Deus que o irmão não viesse atrás dele com ódio, faca em punho, vontade de vingança.

Paulo olhou para os outros passageiros do ônibus, a maioria ainda sentada, foi o que viu pelas janelas laterais. Que maldita hora para ter usado sua liberdade, que poderia ser bem curta, para ver o irmão. Dali a dois dias, tinha que se apresentar novamente ao médico para ver se continuava bom da cabeça ou se tinha que voltar a ser internado.

Fábio voltou para dentro do ônibus. Paulo fez o mesmo. Seus olhares se cruzaram, mas não se disseram nenhuma palavra. Sentaram-se lado a lado. Assim que o ônibus fosse consertado, dali a algumas horas, começariam enfim o trajeto de volta para casa.

Carta para o ausente

"O Antonino disse à Isaura que amasse, pelos dois, o pescador, que dele cuidasse como quem cuidava do importante destino do mundo. O toque de alguém, dizia ele, é o verdadeiro lado de cá da pele. Quem não é tocado não se cobre nunca, anda como nu. De ossos à mostra. E amar uma pessoa é o destino do mundo." – O filho de mil homens, de Valter Hugo Mãe

Outro dia me peguei pensando em ti. No que fomos. Numa vida excluída em querências, e incluída em texto. Somos o registro do que fica. Sempre fomos assim, bichos carregando nosso esqueleto, esse negócio de aparência feia, flexível, mas resistente. Sempre me pareceste como numa cena de pré-morte, quando dizem que numa questão de segundos o filme de toda uma vida passa na cabeça e de repente, você deixa de ser, extingue-se.

E como já se vão muitos anos desde nossa partida um do outro, resolvi escrever.

Escrevo-te essas memórias para que elas não se percam. Escrevo-as para ti para que elas não se vão de mim, como se foram todos os nossos sonhos juvenis, que continuamos a sonhar até hoje, embora com outras pessoas – ainda que eu saiba que antes de tudo, antes mesmo de ti e de mim – sonhamos os sonhos de juventude, agora transmutada em pessoas outras, como forma de buscarmos um ao outro, como antídoto para a sobrevivência do nosso amor, que era uno, agora em corpos distintos.

Inicialmente, como qualquer devaneio, era algo quase sonhado: não existia cronologia, as imagens não se completavam, nem os sentimentos. Era tudo um peso amorfo, análogo a nada, num caleidoscópio sem lugar de pouso. Como pousa em algum lugar o tempo? O tempo, eu dizia, só pousa na eternidade, que era o que acreditávamos ter, ingênuos dos limites do corpo, da sanidade mental, da vida, que se encarrega em transformar tudo em nada. Não sabíamos de nada, e acreditávamos ter tudo.

E tínhamos.

Conhecer-te foi uma forma de tocar o que há de mais divino no ser, ainda que, nem sempre, nossa convivência tenha sido um paraíso. Não foi. Choramos quase à mesma medida que sorrimos, mas se os fizemos tanto, porque os fizemos tanto, o equilíbrio se dá na medida do perdão: risos e lágrimas se equiparam quando o assunto é um amor que se desfaz.

Ainda lembro daquele dia. Não lembro muito bem o mês, acho que era fevereiro, mês de Iemanjá, você tão alvo, luzidio, sorrindo para mim como a confirmar, Sou eu. Receba-me. E eu recebi. E abracei com os meus braços capazes, que aguentavam sua robustez de corpo, e acalentavam sua fragilidade de sentimentos. Era tudo o que eu podia fazer, e eu fazia. Era um amor feito com tanta calidez que achávamos que seríamos consumidos por tanta intensidade, a nos devorar como só um grande fogo é capaz. Não havia diferença entre a cama e fora dela, era tudo tão pungente, tão urgente, que mal podíamos suportar o peso da ebriedade de termos um ao outro.

Mal sabíamos que o relógio do tempo, que de tão imberbes chegáramos a acreditar que para nós seria eterno, já estipulava o nosso breve tempo juntos. Mas éramos surdos para ele, então. Se o tivéssemos ouvido, ou se a ele tivéssemos dado ouvidos, teríamos feito algo diferente, ou nosso tempo era mesmo contado?

Era uma alegria ir para a sua casa aos finais de semana, ver sua mãe, no começo reticente, tão próxima tempos depois, amiga, afável. Brincar juntos, cozinhar juntos, toda essa rotina comezinha e por mim tão desejada, ali. Depois de você, Antonio, nada mais sequer chegou perto disso. Não que tenha sido ruim, de forma alguma. Nos interregnos, vivi momentos muito difíceis, em que eu só sonhava em ser acobertado por aquele amor novamente. Realização complexa de uma tarefa atroz: ninguém era você, nem a sua família, nem o nosso jeito, nosso cheiro.

Pareço me lamentar? Não, não quero que soe assim. Uma realidade triste não deixa de ser triste somente porque está contida no tangível e modificável. Se assim fosse, todo mundo viveria naquele mundinho irrealizável da música do John Lennon. Depois do meu tempo sem frestas, amores magníficos vieram, pessoas maravilhosas surgiram, e muito sexo muito bom. Muito sexo muito ruim também. Mas a fricção entre dois corpos pode mesmo ser algo ruim? Bem que pode, se indesejada; nunca foi este o caso, contudo. O ruim era ruim por escolha, porque na vã tentativa de te encontrar, eu testava de tudo, só para perceber o quanto continuava cego, o quanto ainda precisaria procurar.

Depois, compreendi que não era procurar a ti, esses anseios eram mesmo tão juvenis, e você jamais estaria em mim, e onde quer que você estivesse, lá eu não estaria.

Duas entidades divinas, etéreas, separadas pela falta. Dei-me conta, então, que eu precisava buscar um outro que não você, e um amor que nem você. Não, não, me perco ao dizer isso. Um amor com aquela fortaleza, mas longe de ti.

As primeiras brigas vieram quanto tempo depois, você lembra? Eu não lembro bem do que era aridez. Lembro que eram muitas. Tantas quantas duas mentes jovens, que mal reconhecem dentro de si a força do amor e vivenciam com plenitude a do desejo, são capazes de engendrar. Mas elas se foram, Antonio. Essas memórias. Elas me escapam e eu tendo a lembrar apenas do que foi bom. Ou da essência do que foi bom, nem sei. Agora, na idade em que estou, já não tenho certeza se esqueço porque nunca fui de guardar rancor; nem contra mim mesmo, porque bem sabes que eu também tenho culpa, ou se porque a velhice só me faz recordar daquilo que a própria memória não me deixa esquecer.

A memória foge, o tempo foge, e o que sobra? Se você pensa que eu sei a resposta, engana-te. Talvez estas palavras. Talvez nem isso.

Chegamos ao ponto em que acreditar no amor era mais mágico do que destruí-lo. Porque ainda não era chegado o instante de pensarmos o contrário. Então, tudo aquilo que nos deixava à deriva era também motivo para nos unir em plena gratidão. De alguma maneira, no largo daquela juventude, compreendíamos que existia algo ali tão inexequível, tão maior do que nós mesmos, que não importava o quanto vivêssemos, não daríamos conta da abrangência e muito menos de sua compreensão. E foi justamente a presença de sentimentos aliada à ausência de entendimentos que viramos motivo de piada entre nossos amigos. Eu corria ao telefone, e dizia para o melhor amigo, Gabriel, eu e Antonio terminamos. E era uma risada sem fim ao telefone. E eu do outro lado daquela gargalhada, querendo que o mundo explodisse. Naquele tempo, raiva pra mim era aquilo, e o mundo ainda era um lugar perfeitamente habitável. Preso por vontade a ti, tudo era belo. Mesmo na tristeza, a beleza fazia morada. E aquilo que os dias sobrepostos fariam a mim um dia, ali não fazia o menor sentido. Juntos, o tempo do tu e eu era da mais onírica benevolência.

Nos fragmentamos tanto, tanto, Antonio, que depois não nos reconhecemos mais. Esse é o maior prejuízo do fim do amor. Olhar para si e não se reconhecer. Não porque você deixa de ser você com o fim do amor, ou porque os dois são tão intrinsecamente ligados que são indissociáveis. Mas unicamente porque é ao transformar-se em poeira que compreendemos a real dimensão de nós mesmos, inteiros. E precisamos de muito para nos refazer. Chegamos de fato a nos refazer completamente? Talvez sim, mas diferentes. Nossos amigos ainda nos reconhecem, ainda nos param na rua e nos cumprimentam: sim, sabem quem somos nós. Dentro, entretanto, há algo completamente novo, único, e não há outra força no mundo capaz de causar tanto estrago. Nem há medicina que recomponha em nós quem éramos antes do fim. Passado um tempo, somos, como para quase tudo na vida em que exista a dor, a mais recente versão de nós mesmos.

Mas estou me perdendo de novo, Antonio. Onde estava eu?

Em ti. Sim, sempre em ti. Dentro dessas linhas, que são parte do que lembro de tudo o que você foi, e de tudo no que você se transformou, agora rarefeito.

No fundo ainda somos aqueles dois meninos tão solitários às suas próprias maneiras, em busca de novas histórias para contar, e para vivenciar.

E as aventuras, lembra delas? E uma das mais excitantes de todas, roubar livros? Acho que a nossa cumplicidade consolidou-se aí. Por incrível que pareça, no crime. Basta pensarmos que se antes não existíamos um para o outro, passamos a ser uma mente só em ação quando cometíamos esse ato, hoje tão absurdamente impensável. Era ali que colocávamos nossa confiança um no outro, e aos poucos, essa confiança foi se distribuindo para tudo o mais. É tão pueril e ingênuo, mas tão honesto lembrar que parecia tanto que éramos sempre nós dois como protagonistas de um mundo só nosso. E era delicado sonhar os teus sonhos, juntar os rostos no escuro à noite, ouvindo Cranberries e acreditando que nos agarrávamos ao amor porque não existia outra alternativa, uma vez que tínhamos nos encontrado. Existíamos juntos para muito antes do nosso encontro.

Não existe o que vem depois do sentimento, Antonio. Existe o que está contido no próprio sentimento. Mudam-se os personagens, muda-se a forma, o sentimento é o mesmo, transmutado em formas diferentes de fazê-lo sentir. E sendo assim, será o sentimento o mesmo? Talvez. E hoje, enquanto vejo que tenho menos dias para contar do que as flores num ipê em inverno pleno, tenho um sentimento em relação a você que é maior do que todos: gratidão. Depois de você, continuei errando, e errando muito. Mas eu sempre tinha o parâmetro do nosso amor. Pra mim, seria sempre dali para mais, nunca para menos.

Tanto foi assim que demorei, verdadeiramente, a te perder em definitivo. Você me entende, eu sei. Nunca te perdi realmente. Você continua a caminhar comigo, menino. Você se foi há tantos anos e continua em algum lugar, comigo. Por isso que não raro, alegre ou triste, lembro de ti, do teu sorriso, das tuas caretas e dos nossos sonhos. E sempre me sinto mais encorajado. Mas foi, e é, necessário tirar você do objetivo de amor. Não você sendo você, mas entender o outro como sendo um novo horizonte, e não você buscado nesse outro lugar. E foi o que fiz. Só então eu me permiti, novamente, encontrar.

Éramos perfeitamente isso, uma seção de achados e perdidos. Um amontoado de encontros e desencontros. Crescemos tanto em tão poucos anos, que me pergunto às vezes se o amor juvenil não é tão-somente isso: um passaporte com visto para vivermos numa realidade paralela, uma forma de vivermos instantes que se tornam eternos, de descobrirmos aquilo mesmo em que acreditamos. A coisa-em-si que passaremos o resto dos nossos dias almejando tatear.

Você me disse que tinha ficado endurecido, depois de mim. Sempre achei que isso passaria um dia. E pelo visto passou. Passamos.

Descobrimos que o oposto da ausência não é a presença, é o seguir adiante e, enfim, superar. Vejo você feliz, com aquele mesmo sorriso de sempre, aquele mesmo corpo – tirando os acúmulos temporais, em ti tão soberanos – e sei que seguimos bem, Antonio. Apesar de. E é porque fomos tantos para nós mesmos que hoje podemos ser um para quem elegemos, por fim.

Olho para o vão que deixei para trás e tenho orgulho de mim. Não vejo a escuridão de desencontros infelizes, como tanto temia depois de ti. Vejo todos os frutos das sementes que plantei pelo caminho. E até o terreno onde você também caminhou comigo, saiba que estás em cada um deles. Colho você do chão e levo à boca como quem responde não ao prazer e à satisfação do corpo, mas como quem sabe ser preenchido pela vida que ficou para trás, renovada no porvir.

Dentro de ti, Antonio, que comigo está mais do que todos antes de ti e do que muitos depois também, resplandece o que deixou de mais belo em mim. E é porque você esteve comigo, que hoje eu sei que a seiva que escorre por dentro do meu corpo nasceu em ti, raízes entrelaçadas ao meu passado, ramificado no futuro, seja lá o que ele for.

Não tenho mais muito tempo, Antonio. Mas é para mim importante que tu saibas que fui feliz; tão importante quanto saber que também o foste, ou és. Mesmo com as diatribes com as quais a vida nos conspurca. Mesmo com este negócio dentro de mim a arrancar-me os dias.

Foste, Antonio, porque jamais poderás ser. Não aqui, deste lado. Aqui, continuaremos sendo no passado, e quando eu fechar meus olhos pela derradeira vez, tu sentirás que morreu um pouco também. Não se darás conta, mas saberás. E nesta hora tu hás de celebrar o meu nome, e sentir, mais do que em qualquer outro tempo, que por causa do teu amor, eu hei de nascer outra vez.

Sonhar com a luz através das ruínas

Era uma raridade almoçarem fora de casa no meio da semana, mas a empregada tinha pedido as contas na segunda, então foi o jeito, já que nunca que Elza iria cozinhar à noite, depois de chegar morta do trabalho, pra deixar comida pronta para o dia seguinte; sem contar que no dia seguinte ela seria comida de ontem, e se tinha uma coisa que ela odiava era comida requentada.

Elza pegou o filho na escola por volta de meio-dia e foram direto para o restaurante. Ela o escolhera por dois motivos: era na rua de casa e porque lá podia servir-se por quilo, era só chegar e colocar no prato, pesar, comer, pagar e ir embora, porque se tinha outra coisa que Elza odiava era esperar.

A balbúrdia era imensa naquele horário. Sons de vozes sobrepostas aliado ao de talheres e outros utensílios criavam um todo ininteligível. O lugar era pequeno; da porta de entrada já se via todas as mesas e cadeiras, os velhinhos e velhinhas buscando um lugar para sentar, funcionários de lojas próximas em seu horário de almoço, e uma ou outra criança em seu uniforme escolar acompanhados de pais ou avós.

Assim que Marcelo entrou, foi direto para a salinha lateral onde estava o cardápio do dia. Pegou um prato e, da limitação dos seus sete anos – quase oito – precisava ficar de pé para ver as comidas que haviam mais atrás das que estavam à mostra, à frente. A mãe pegou o prato de suas mãos sem avisar e anunciou sem muita conversa, Vou colocar o seu almoço, você vai para uma mesa e eu venho colocar o meu. Ele fez que tinha entendido com a cabeça. Ah, quase esquecia: não tem sobremesa porque eu estou com pressa, vou praticamente só engolir e voltar pro trabalho. Mas você só bota o que quiser no prato se comer legumes. Marcelo apenas olhou para a mãe e disse, Mas eu sempre como... Não interessa, disse Elza em tom de admoestação, É preciso não perder o hábito.

Quando a mãe chegou com seu prato, Marcelo ainda não tinha começado a comer. O que foi que eu falei sobre estar com pressa, Marcelo? O menino respirou fundo, Está lotado e não tem mais mesa, mãe. Eu estava com medo da gente perder o lugar, por isso esperei a senhora chegar para ir pegar uma colher, não quero comer de garfo e faca, a comida foge. Pois vai, vai!, enxotou Elza. Na volta, enquanto tirava a colher do plástico, ouviu a mãe dizer para um senhor na mesa ao lado, ...porque não se quer mais trabalhar neste país. Viramos uma nação de vagabundos, meu senhor. Estou aqui porque minha empregada resolveu ir embora para trabalhar numa fábrica, já pensou? Quero ver quando ela quiser voltar lá pra casa com o rabinho entre as pernas depois de passar oito horas direto montando ventilador, se duvidar, em pé. Aí quem vai pensar se vai querer sou eu. Bando de safados. Na minha casa ela tinha tudo, cama pra dormir, almoço, janta, ainda assistia a novela e aposto como tirava soneca no meio da tarde, porque às vezes eu cansava de ligar e ninguém atendia o telefone. Quero ver agora, tendo que pagar por cada colherada de comida que coloca na boca. Ingrata filha de uma mãe! Aí vem esse governo e ainda fica querendo dar tudo de direito a elas, mais ainda do que ela já tinha morando lá em casa, é mole? Sem condições. Mas vai dar certo, a tudo a gente se adapta. O homem resmungou um breve, Ela conseguiu um emprego de carteira assinada, então. Bom pra ela, minha senhora. Vendo que daquela conversa não sairia mais nada, porque em treze palavras o homem deixara claro que não concordava com ela, Elza voltou-se para Marcelo, E aí? Na tentativa de mudar de assunto e fazer a mãe esquecer o homem ao lado, ele disse, A mãe do Claudinho está aqui. Olhando ao redor para as outras mesas como se fosse reconhecer só de olhar alguém que nunca vira na vida, perguntou, Quem é Claudinho, meu filho? Ah, mãe, o meu namorado.

Para Elza, todo e qualquer som do ambiente foi silenciado naquele minuto. Lentamente, ela pousou o garfo e a faca nas laterais do prato e, para ela, o *tlinc* do contato entre o talher, o prato e a mesa foi o único som que ouviu. Ela só conseguia olhar para o rosto do filho, incrédula. Um segundo depois todo o som voltou, e Elza estava atordoada, não menos. Era como se o inferno estivesse bem ali, diante dela. Como é que é, Marcelo? O menino não entendia a cara de estupefação da mãe. Me conte essa história *agora*! Era mais que uma exigência, era uma promessa de câmara de gás em caso contrário. As pessoas nas mesas próximas, que naquele recinto eram bem perto umas das outras, olharam para aquela mulher e seu alarido, alguns tons acima do de todos os outros, e procuravam mudar o olhar de lugar rapidamente, com receio de se tornarem vítima do que quer que a estivesse deixando irada, ou com vergonha alheia.

Marcelo não conseguia abrir a boca para se explicar, talvez porque, para ele, não havia *o que* explicar, e sua cabeça sem muita complexidade era incapaz de atinar com a ameaça da mãe. Vendo que o filho não iria colaborar e sem conseguir – nem desejar – conter-se, Elza levantou-se de sua cadeira e gritou dentro do recinto, como se falasse de cima de um trio elétrico em pleno comício, Quem é a mãe de um tal de Claudinho? As pessoas pararam de comer para olhar aquela mulher ensandecida. Elza repetiu a pergunta com ainda mais veemência, e as pessoas se entreolharam, na expectativa da aparição da tal mulher. Se havia mais alguém com um filho de nome Cláudio, será algo que jamais se saberá. O certo é que uma mulher levantou-se da mesa onde estava e disse, para o silêncio que se fazia no restaurante e com uma calma de pacificadora, Sou eu. Elza foi até a mesa dela, as duas de pé uma na frente da outra, Posso saber que história é essa que meu filho acabou de contar, que *namora* com o filho da senhora? A mulher olhou pelo ombro da mãe de Marcelo, como se procurando por ele, e disse, E eu sei? Até cinco minutos atrás eu estava sentada quieta, almoçando sozinha. E de repente, esse circo. Elza não gostou de ver a palavra associada ao seu discurso, Circo coisa nenhuma! Você acha certo meu filho de sete anos vir dizer que namora, ainda mais outro menino? A mulher fechou os olhos e respirou fundo por alguns segundos antes de responder, com uma tentativa de sorriso nos lábios, Minha senhora, seu filho é uma criança. Meu filho também é. Leve o que eles dizem menos à sério e a senhora será muito mais feliz. Outra coisa: quem vai saber da vida deles são eles mesmos, daqui a alguns anos. Exatamente, cortou Elza, daqui a alguns anos, por enquanto quem sabe da vida dele sou eu, dona... Bárbara, mãe do Cláudio, que *estuda* com seu filho. Onde já se viu uma mulher adulta levar à sério uma conversa dessas?, completou a outra mulher, no mesmo tom de voz anterior, meio que para si mesma.

    Neste momento, Marcelo começou a chorar. Extremamente constrangido e confuso, tudo o que ele queria era poder sumir dali. Bárbara tentou se aproximar da criança, mas, Saia de perto do meu filho! Nem toque nele! Mãe de criança sem educação não toca em filho meu! Deixe eu lhe dizer uma coisa, começou Bárbara, e escute com atenção: a senhora é louca, disse ela, fazendo uma pausa proposital nas duas últimas palavras.

    A essa altura, vários clientes já haviam se levantado em direção ao caixa, desejando, assim como Marcelo, estar o mais longe possível dali antes que pratos e talheres começassem a voar. Bárbara fez um movimento de que iria fazer o mesmo, mas foi segurada pelo braço por Elza. Quem lhe mandou tocar em mim? Era hora de subir de tom, do contrário ela seria agredida muito mais que verbalmente. A senhora não pode ir embora assim, dona Bárbara. Temos que conversar, uma de nós tem de tirar o filho da escola. Bárbara franziu a testa e os olhos. Eu não posso estar ouvindo direito, pensou. Que diabos de discurso era aquele?, Pois tire a senhora, porque meu filho continuará estudando onde está. Ele adora aquele colégio. O meu filho também, martelou Elza. Então continua todo mundo onde está, sentenciou Bárbara, Mas daqui pra frente, seu filho certamente irá precisar de um psicólogo. Quem é você pra dizer o que meu filho precisa? E digo mais: quem vai continuar estudando lá é meu filho. Aquela escola não é para homossexuais nem crianças que levam outras inocentemente para esta podridão. Para Bárbara, havia chegado o limite. Antes que ela pudesse fazer qualquer coisa, segurou com força o punho de Elza, e fuzilando-a com o olhar em riste e a mão fechada, vociferou, Escute aqui sua homofóbica dos infernos: aquela não é uma escola nem para homossexuais nem para heterossexuais. É uma escola para *pessoas*. O que elas fazem ou farão de suas vidas não importa. Cada qual segue a sua orientação na vida da maneira que melhor lhes aprouver, e não sou eu, nem a senhora, quem dirá o futuro daquelas crianças. Elza soltou-se bruscamente da mão fechada em seu punho, Amanhã mesmo eu tomarei minhas providências na escola. E quanto à senhora, dona Bárbara, será devidamente procurada pelos meus advogados. Aliás, quer saber?, disse, procurando o celular dentro da bolsa, Vou ligar agora mesmo para o meu marido e contar sobre o que está acontecendo aqui. Siga em frente, disse Bárbara, mas eu não ficarei mais aqui participando desse seu espetáculo, sua palhaça! E deu as costas. Alguém fecha aquela porta e não deixa essa mulher ir embora, ela me agrediu!, afirmou, mostrando o braço, Alguém chame a polícia, urgente!

Rapidamente, um homem bloqueou a porta, impedindo a passagem de Bárbara. A senhora precisa pagar a conta antes. Eu deixei dinheiro mais do que suficiente para pagar minha refeição sobre o balcão do caixa. Por favor, saia da minha frente!

Alô? Afonso, eu estou aqui naquela espelunca na rua de casa com o Marcelo. Venha pra cá nesse minuto, temos que resolver um problema aqui com uma mulher que tem um filho que achou de dizer que namora o nosso. Como é, e você ainda fica dando risada? Que absurdo é esse, eu entrei num pesadelo? Um cliente mais destemido falou, Não, a senhora *causou* um, não se dá conta? Elza colocou o dedo indicador sobre os lábios e depois apontou para o ouvido, indicando que se ele falasse não ouviria o marido do outro lado. Pouco importava; àquela altura, ela não ouvia mais nada mesmo. Apenas via vários rostos estupefatos olhando para a cena. Guardou o celular na bolsa, o ódio estampado no rosto. Neste momento, a dona do estabelecimento se aproximou da mulher. O seu marido vai vir buscá-la?, perguntou. Vir me buscar pra quê? Por acaso eu cheguei aqui de táxi? Sei dirigir, minha filha. Não foi isso que eu quis dizer, senhora. Mas a senhora não parece em condições de... Você é quem pra dizer o que eu tenho ou não condições de fazer? Macumbeira? Cartomante? Ponha-se no seu lugar e vá pegar o dinheiro desse monte de gente, de repente a manada está toda debandando. Eu exijo respeito da senhora para com este restaurante e com os seus clientes, que não têm absolutamente nada a ver com esta celeuma. Ou a senhora vai embora ou eu chamo mesmo a polícia, só que para a senhora!

Nisso, Marcelo levantou-se e saiu correndo. Abriu a porta e correu para a rua. Em sua correria desabalada, os olhos lavados de lágrimas, não via nada diante de si. Como em qualquer grande cidade brasileira, a opulência concorre seriamente com a miséria. Por entre os prédios e casas luxuosas, becos e ruelas serpenteavam, com todo tipo de casebre e construção improvisada. Marcelo se embrenhou por entre corredores quase inexistentes, pisou em rastros de lamas que saíam das casas, até que foi pego por alguém, cujo rosto ele não enxergou, taparam-lhe a boca e, ao baterem a porta, por fim, tudo era silêncio.

O descalabro de toda a situação impediu que algo fosse feito para que a criança não saísse do restaurante, foi o que quis dizer a gerente quando falou, Foi tudo muito rápido, olhando para a mãe do menino com um olhar de medo e raiva.

O pai de Marcelo, Afonso, chegou menos de meia hora depois, acompanhado de um homem. Era Elói, irmão de Elza. Àquela altura, uma viatura da polícia também já havia chegado. Elza só conseguia gritar que tinham matado seu filho, e chorava como quem é vítima, e não algoz.

Depois de fazer algumas perguntas, os dois policiais que apareceram começaram a percorrer as adjacências do restaurante em busca do paradeiro de Marcelo. Por alguns segundos, ela ainda pensou em perguntar o que seu irmão fazia ali quando supostamente deveria estar trabalhando, já que não estava diretamente envolvido em nada. A outra coisa que passou por sua cabeça, e essa ela disse, foi, Só assim para você se aproximar do seu filho, hein, Afonso?

Era verdade. Afonso era um pai ausente, e um marido cada vez mais distante. Na verdade, nenhum dos dois estava preparado para a maternidade quando Marcelo surgiu. Afonso porque nunca quisera realmente ser pai, Elza porque era muito explosiva, mas só Afonso admitia sua inaptidão para a função. Elza sabia que o casamento deles estava se sustentando porque quase não se viam. E a ausência tornou-se um hábito. A tudo a gente se adapta, pensou ela pela segunda vez àquele dia. Mas não, algo iria mudar a partir dali. Marcelo encontrado ou não, efetuaria mudanças na vida de ambos, Elza podia quase sentir.

E mudou.

O menino jamais foi encontrado. O homem que o raptou era chefe de tráfico, e cooptou Marcelo a trabalhar para ele. Aos poucos, sua vida mudou. Não voltou a estudar formalmente, e rapidamente se via mais e mais imerso na realidade da venda de drogas. Um dia, numa briga, recebeu um golpe certeiro. Na violência da queda, caiu de rosto no chão. Ficou com o maxilar torto, que muitas cirurgias depois não conseguiram devolver a simetria original do rosto. De início, ele achava seu rosto horrendo. Mas à medida em que crescia, acabou vendo a feiura como um charme. Era ao que estava acostumado, ver a beleza na pocilga. Além do mais, a mulher com quem casou-se aos 26 anos e com quem teve uma filha dizia o tempo todo que ele era lindo. Era melhor acreditar. Marcelo achava que morreria jovem, já estava durando demais naquela vida de traficante. Mas era esperto e jamais consumia drogas, nem tinha ambições de crescer na pirâmide de poder. Ao contrário do pai, Marcelo era um homem que tinha em sua família a grandeza conquistada pelo afeto e pelo respeito. Ao seu modo, mas em algum lugar dentro dele, havia aquela noção. Companheirismo era um sentimento palpável para todos eles, e assim seria por todos os anos seguintes.

Após o casamento e longe do inferno onde passara a infância e adolescência, Marcelo procurou seu pai. Queria que ele conhecesse a neta. O reencontro foi um momento estranho, e dada a natureza de suas atividades, sequer passaram a se falar com regularidade. Nunca foram grandes amigos. A invisibilidade dos primeiros anos, aliado ao sumiço nos anos seguintes, de alguma maneira, sedimentou-se em ambos, que não conseguiram vencê-la a tempo de vivenciar o seu oposto, a presença. Mas Marcelo não se importava tanto. Um dia, reviu também a mãe, que se culpava pelo que acontecera ao filho, inclusive por sua boca torta. Era muita besteira pra ouvir, ele concluiu com pouco mais de dez minutos ouvindo Elza falar, deu as costas com a filha e voltou para a comunidade onde morava. Quando completou trinta anos foi embora para outra cidade, porque era jurado de morte onde estavam. Ele sabia que o pai estava bem, e queria ver a filha crescer. Marcelo teria esse sonho realizado, mas o tráfico nunca esquece, e um dia cobraria seu preço.

Elza ficou lá, parada, sem conseguir tirar da cabeça a boca torta do filho.

No dia do incidente, quando Elza ligou aos berros pela segunda vez, falando do que ocorrera, Afonso e Elói estavam almoçando juntos. Em um motel. Como estavam no mesmo carro, não tinham como se separar e Elói foi também. Eles não achavam que haveria algum questionamento ou estranhamento. Não naquele momento. E, como ele previa, algo do tipo só apareceu quando chegaram à delegacia. Era a carta de alforria que eles precisavam. E se deram.

Enquanto para Afonso, Elói e Marcelo os dias passavam com a urgência dos que vivem, para Elza cada hora tinha o peso da pedra de Sísifo. Depois do divórcio e da perda do filho, afundou-se no trabalho, sua bebida. Aos 47 anos teve um enfarto, e foi aposentada por invalidez. Fizera as contas na cabeça e descobriu, sem se lamentar, antes apenas como constatação, que as pessoas passavam, em média, cinco anos em sua vida. Mais do que isso, ou elas mesmas saíam ou eram expulsas por Elza, cujo temperamento e índole estavam sempre prontos a afastá-las. Quando fez cinquenta anos, demitiu sua cuidadora e, após conseguir um atestado informando da sua instabilidade psíquica, internou-se voluntariamente num hospício, onde passou a ser conhecida como uma paciente-moradora. Um dia, com um sorriso no pensamento, lembrou-se do vaticínio de Bárbara no restaurante. Ela estava certa, afinal.

Ninguém a importunava, e ela não importunava ninguém. Desenvolveu Alzheimer aos sessenta e dois anos, e naquele mesmo período passou a dizer tudo o que lhe vinha à cabeça. Falava mal de ex-namorados da juventude, do ex-marido, dos ex-amigos, de tudo o que ficara para trás, inclusive de si mesma. Ninguém entendia a quem ela se referia, nem os sãos nem os doentes, porque não havia quem a visitasse. Em raros momentos de lucidez, atirava-se da cadeira de rodas, na esperança de bater o rosto no chão e morrer, já que descobrira que culpa por si só não matava ninguém.

Foi ao mesmo tempo infeliz e profundamente solitária, como são os que fazem mal uso da vida.

Do lado de fora, o sol brilhava.

Vai dar samba

Sheila conheceu Marielson num domingo à noite, num pagodão que havia no bairro onde ele morava e para onde ela ia sempre que recebia a quinzena do mês no salão de beleza em que trabalhava como manicure.

Ele foi se chegando nela como se não pertencesse àquele lugar, e Sheila reparou nisso assim que colocou os olhos nele. Primeiro porque nunca o tinha visto lá, segundo porque as próprias roupas denotavam. Ele estava vestido como quem vai dançar um tango, e não se sacolejar até o chão. Não que ela esperasse isso de um homem por quem se interessasse, lógico, mas era uma possibilidade e algo que ela via ali a três por quatro.

Apesar do barulho que não deixava ninguém conversar direito, tomaram algumas cervejas juntos. Marielson pegou o telefone de Sheila, que foi para casa exultante. Sentia que havia conhecido o homem da sua vida. Mal podia esperar pelo dia seguinte, para quando tinha agendado algumas de suas clientes mais frequentes do salão. Estava doida pra contar a elas sobre o encontro, e por isso iria demorar o mais que podia com as mãos e os pés delas dentro d'água; queria ter o prazer de reviver aqueles momentos novamente, repetidas vezes, até chegar à noite e falar novamente com Marielson. Depois das sete, foi quando ele ficou de lhe ligar. Há anos Sheila não aguardava uma ligação com tanta ansiedade.

 Mas antes disso havia a mãe. Era preciso contar para ela, sua confidente. Dona Valmunda jogou-lhe na cara, pela décima oitava vez, que não colocava carta pra ninguém da família. Sheila petrificou-se. Mas aquele era um caso particularíssimo, ela nunca sentira aquilo por ninguém antes. Água fria mais uma vez: não, disse-lhe a mãe. E assunto encerrado. Tanta alegria no domingo para terminar a noite chorando. Mas tudo bem, havia o dia seguinte, as clientes e o telefonema à noite.

 Nem no trabalho, porém, as coisas se saíram tão idílicas. Então você acha mesmo que um bofe tão maravilhoso desses que pegou seu telefone e não lhe deu o dele tem a intenção de te ligar? Vai sonhando, querida. Era Valdirene, a dona de uma sapataria perto do salão e que ia lá toda semana fazer as unhas com ela. Sempre cores intensas: rosa-choque, vermelho-bordel. Discrição ali passara longe. Com Locácia, a cliente seguinte, o discurso foi muito parecido. Se ele não te ligar, você liga pra ele. Sheila baixou a cabeça, e quando levantou, não conseguiu disfarçar os olhos cheios d'água. O que foi, perguntou a cliente. Nada não, Sheila respondeu, num muxoxo. Ele não te deu o telefone dele, não foi? Deu não. Locácia suspirou. É, amiga, não é fácil. A sensação que eu tenho é que os homens que prestam ou já arranjaram suas mulheres ou outros homens. Mas era pedir muito ser feliz? Claro que não, respondeu-lhe a cliente-amiga. É apenas difícil, mesmo. Quem tiver os seus que segure.

 Depois da terceira cliente com esse mesmo tipo de discurso (embora todas tentassem fazê-la se agarrar a alguma esperança), Sheila disse que estava com enxaqueca e pediu para ir embora mais cedo. Como não tinha mais nenhuma cliente agendada e ela ganhava por produção, a dona do salão não fez questão de impedi-la. Sabia mesmo que, nesses tempos, arranjar manicure era algo cada vez mais difícil.

Decidida a passar na casa de Dona Rosa, Sheila enxugou suas lágrimas, pegou sua pequena bolsa e foi na direção da parada de ônibus onde pegaria a condução. D. Rosa era uma cartomante amiga de sua mãe, que ela sempre lhe recomendara quando Sheila lhe pedia para colocar cartas. O lado bom é que D. Rosa atendia por ordem de chegada, então qualquer hora era hora.

Vejo aqui uma mulher linda nos seus caminhos que vai ficar alucinada por você. Mulher, D. Rosa, que história é essa? Olhe, eu não tenho nada contra, mas meu negócio é outro. E homem, não tá aparecendo nenhum não? Tá não, minha filha. As cartas estão me falando de uma mulher. As cartas da senhora estão enxergando demais!, disse, levantando-se para ir embora. Sheila deixou o dinheiro sobre uma imagem de Santa Rita de Cássia e fechou a porta atrás de si.

Estava certa que não havia mesmo ninguém nesse mundo para ela. Como assim, uma mulher? Era todo mundo conspirando mesmo contra ela, afinal? Do que lhe adiantava as cartas dizerem que ela tinha saúde, que ia continuar ganhando o dinheirinho pra se manter, ainda que de forma só mais ou menos com a mãe numa casa minúscula, se não tinha amor? Já estava passando da hora, daqui a pouco seria uma mulher de útero seco, e ela não conseguia nem dimensionar o quanto ficaria arrasada se não fosse mãe. Um filho do homem que eu escolher pra mim, dizia a si mesma quando incorporava Diana, como se fosse assim tão simples. Nunca seria. Para ela nunca seria.

Contra todos os prognósticos, porém, Marielson ligou. Sheila até se ajeitou na cama, como quem se senta à mesa para um jantar, embora sem nutrir muitas esperanças depois do que ouvira da cartomante. Conversaram longamente, e quase duas horas depois desligaram, ainda mais apaixonados. Àquela noite, Sheila foi dormir sentindo-se vingada. Apesar da negativa da mãe, das pragas rogadas pelas clientes e das cartas da Dona Rosa charlatã, Marielson ligara, como disse que faria. E se tinha uma coisa que ela admirava, era homem de palavra.

Passaram a semana nessa cantilena, e quando o domingo seguinte se aproximava, já estavam quase se dizendo eu te amo. Quem quisesse que julgasse; do lado de fora todos entendiam do amor e seus tempos, mas o que importa é o lado de dentro. A pedido de Marielson, foram comer sushi num lugar perto da casa dele. Era um restaurante mais reservado, onde poderiam finalmente conversar olho no olho.

Os sushis chegaram, Marielson pediu um suco para acompanhar, a conversa fluía com naturalidade, mas Sheila sentia que ele queria dizer alguma coisa e não dizia. Lá pelas tantas ele ainda ensaiou um Tem uma coisa que eu preciso te contar, mas nisso o garçom vinha passando perto e ele chamou para pedir outra coisa, e quando retomou a conversa, o assunto já era outro. Até que já cansada daquele sentimento de que havia algo errado, Sheila parou uma frase e disse, Você é casado, não é? Não, não era. Então diga o que tem pra dizer de uma vez, homem! Mil coisas se passaram na cabeça de Sheila naqueles cinco segundos em que seu companheiro de mesa levou até abrir a boca novamente, mas ela não queria se precipitar. Que ele dissesse, enfim. Acontece que eu na verdade nasci mulher. O primeiro impulso de Sheila foi o de não acreditar. Depois, o de sair dali imediatamente, porque se sentia traída, enganada, no seu mais profundo âmago. Mas como assim, se ele era um homem tão perfeito? Ele explicou todo o processo. Foram anos de tratamento psicológico e hormônios, tratamentos, aliás, que ele ainda estava fazendo porque o próximo passo era uma cirurgia de transgenitalização. Sheila não entendeu a palavra difícil, Trans o quê?, mas Marielson explicou. Nele ainda havia uma vagina, mas logo mais haveria um pênis. O médico que o acompanhava garantira que daria certo, apesar de ter dito a ele que era mais fácil cavar um buraco do que construir uma coluna, fazendo referência à cirurgia de um homem que quisesse ter uma vagina. Mas que os resultados eram interessantes.

    Marielson – que aliás escolhera esse nome em homenagem ao Dr. Mário e o Dr. Danielson, que cuidariam dele até a cirurgia acontecer e dos quais já se sentia amigo – falou por mais de uma hora, mas não deu certo. Sheila disse que queria um homem de verdade. Você está pensando que vai sambar na minha cara, me fazer de otária? Ele tentou explicar que era um homem de verdade, que nunca se sentira mulher e repetiu muito do que já dissera anteriormente. Não teve jeito. Sheila foi para casa sem se despedir.

    Meses depois, enquanto ia para casa, o ônibus de Sheila encostara num carro. Quando o motorista do ônibus e o do carro saíram para ver o tamanho do estrago, Sheila percebeu que o motorista do carro era exatamente o homem-mulher que ela havia rejeitado. Marielson tirou uma grana alta da carteira e entregou ao motorista. Foi lá onde estava Sheila, aglomerada junto com os demais passageiros que esperavam um ônibus no qual pudessem ir embora, pegou-a pelo braço e disse, Eu quero que você venha comigo. Com medo de um escândalo, Sheila se deixou levar. Foram para um motel, onde ela enfim percebeu tudo o que não lhe fazia falta. Marielson nunca lhe disse se a batida naquele dia havia sido de fato um acidente ou provocada por ele. Ela fez questão de entrar no mistério. Continuaram a ir ao pagode aos domingos durante um tempo, até que deixaram de ir completamente. O samba era deles, e só. Os melhores domingos eram agora mais tranquilos, passados na companhia um do outro e, por vezes, de um ou outro amigo. Tempos depois resolveram se casar. Poderiam até vir a se separar um dia, mas jamais pela ausência da construção da ponte que une os afetos. Quanto a filhos, poderiam adotar, se realmente os quisesse, e isso não faria de Sheila nenhum dia menos feliz, menos mulher ou menos mãe. Sheila olhou para Marielson e pediu, sorrindo, Eu quero que você me diga de novo o que disse quando me tirou do meio da multidão que esperava o ônibus. Ele nunca esquecera, e repetiu, Eu quero que você venha comigo.

E foram.

A contagem dos dias

Sabe essas pessoas que depois da morte de algum parente ficam se lamuriando para os outros com frases do tipo Eu devia ter dito mais eu te amo, Eu devia ter falado mais vezes da importância dele pra mim e outras coisas dessa laia? Não sou dessas. Eu dizia isso todos os dias, de uma forma ou de outra. Não sei até que ponto as palavras ainda eram verdadeiras ou se com o passar do tempo e o crescimento dos problemas elas se tornaram automáticas, assim como também nem sei se ele as entendia ou se se importava. Meu filho não morreu, tecnicamente, mas é como se tivesse morrido.

Eu sempre quis ter um filho, e não lembro de momento algum na minha vida em que eu não tenha deixado isso bem claro. Desde criança, minhas atitudes eram maternais, fosse com minhas bonecas ou com minhas primas mais novas, tudo em mim sempre convergiu para que um dia eu fosse mãe, e no entanto, no meio de outras cinco filhas, meus pais acharam de me eleger a filha que iria ser freira. Na época, eu me revoltei, eu chorei, destruí coisas. Mas a religiosidade dos meus pais tinha aliados terrenos. Um padre e um bispo, amigos da nossa família, foram rapidamente convocados para ajudar aquela filha que se revoltara contra Deus, nas palavras deles. Eu tinha catorze anos na época, e eu não estava revoltada apenas contra Deus, minha revolta era com todo mundo que queria me largar num convento e acabar com meus desejos de maternidade.

No entanto, acabaram me convencendo. Hoje eu sei que de tanto falar de crianças ao longo dos anos, meus pais tinham medo que eu virasse uma devoradora de homens e ficasse que nem minha tia Lindalva, irmã da minha mãe, com sete filhos, cada um de um homem diferente, todos espalhados na casa de outros parentes. Quer dizer, todos os que sobreviveram, porque acho que dois ou três morreram no meio do caminho; não sei, a tia Lindalva morreu há muitos anos e eu não tenho contato com ninguém daquela parte da família, todos uns hipócritas desvairados.

Não sei ao certo o que se abateu sobre mim depois que eu cheguei ao convento, mas eu fui para lá transformada. Acho que foi a lavagem cerebral do padre Jorge e do bispo Hermeneu. Acho não, tenho certeza, mas na época, uma bobinha como eu era, do que eu poderia desconfiar? Para mim, meus pais estavam mesmo certos. Por isso passei todos os anos no convento sem dar um piado para nada que fosse deixar a madre superiora descontente. Orei, servi, entrei no postulado, fiz todos os meus votos, até a hora de me abrir para a comunidade em serviços voluntários. A primeira coisa que vi assim que coloquei meus pés fora do convento foi um cara numa banquinha colocada no cantinho de uma calçada vendendo cigarro. Driblei as outras irmãs e fui comprar um maço de Hollywood, que entoquei debaixo do meu capuz. Meu verdadeiro eu estava de volta. No dia seguinte eu estava decidida a fugir daquele convento pra sempre e a pegar de volta o meu direito à maternidade.

O cigarro foi só um gatilho, eu nunca fumei aquelas porcarias. Quer dizer, até fumei uns dois, mas os outros continuam guardados, como símbolo da minha libertação. De lá pra cá só fumei coisa fina; tivesse levado a vida fumando Hollywood uma hora dessas não estava mais aqui pra escrever nada. E ainda bem que eu continuei com o vício, porque foi através dele que eu conheci o Haroldo. Com a fissura por um cigarro e só com meu maço infumável dentro de casa, fui até uma padaria perto da quitinete onde eu ia ficar por uns dias. Como o espaço dentro dela era tão minúsculo que era capaz de eu morrer asfixiada com a fumaça, decidi ficar de conversa com o homem que me atendeu pra arejar um pouco a minha cabeça e em seguida ir lá pra fora fumar. Alguns minutos depois eu já sabia um monte de coisas daquele homem, inclusive que ele era o dono do estabelecimento – e eu chamo de estabelecimento pra dar um ar respeitável, porque na fachada tinha escrito PADARIA em letras grandes, vermelhas, mas na verdade não passava de uma merceariazinha de quinta onde as pessoas iam tomar cana e comer castanha torrada, e que *por acaso* fazia pão no fim da tarde. Por muito tempo eu não me conformei com essa história de mulher não poder confessar fiéis. Mas depois eu pensei, Quer saber, pra que coisa mais chata do que ficar sabendo das sebosidades dos outros? E ainda ter a cara de pau de achar que eu poderia indicar umas tantas rezas pra pessoa se limpar e começar tudo de novo. É um disparate, né não? Mas que eu levo jeito pra coisa, ah eu levo!

Ele estava separado da mulher, e foi na hora que ele me disse isso que eu decidi que havia encontrado o pai do meu filho. Aos poucos eu me aproximei mais dele, fazia uns carinhos sem nem chegar perto, e quando ele soube que eu era freira, parece que atiçou um negócio no homem. A gente foi se chegando e dali a pouco nós estávamos traçando planos para melhorarmos os negócios e eu estava sendo convidada a morar com ele. Como a quitinete onde eu estava era uma espelunca que a mãe de uma das irmãs do convento havia me arranjado pra passar uns tempos enquanto eu via o que faria da vida, aceitei sem nem pestanejar. Levei todas as minhas posses – uma cama, uma cadeira e uma penteadeira – para a casa do amado e por lá eu fiquei. A bem da verdade é que existem umas coisas tão arraigadas dentro da gente que eu não sei nem se com terapia resolve. Por exemplo: eu não queria ser mãe sozinha. Sei que esse é um pensamento conservador, mais ainda nos dias de hoje. Mas é como eu estou dizendo; é difícil. Os tais dos valores que enfiam na cabeça de quem teve a formação que eu tive e que veio da geração que eu vim, uma merda, esses valores. Só que como eu já estava de boa com o Haroldo, nem fiz muita questão de lutar contra eles. Pra quê, se eu estava mesmo feliz?

Transformamos a padaria numa padaria *e* pastelaria. Eu enxotei todos os bebuns que de vez em quando ainda apareciam por lá, alguns inclusive bem insistentes. Quando eu recolhi as cadeiras das calçadas, um ou outro trazia de casa uma cadeira e uma mesinha pra colocar o tira-gosto, como se fossem donos do lugar. Eu já chegava ameaçando chutar tudo e eles saíam de lá resmungando e dizendo que o Haroldo tinha se casado com um macho. Eu me virei pra eles e disse que ele tinha casado com uma freira, não com uma santa.

O negócio foi dando certo. Devagar, mas foi, e em pouco tempo eu estava grávida não de um, mas de dois meninos. Isso foi no começo da década de oitenta. Finalmente eu ia ser mãe e realizar meu sonho.

Vinte e um anos se passaram sem problema nenhum. Eu e Haroldo continuávamos juntos e donos da mesma padaria, agora bem maior e ainda mantida com muito esforço. Meus filhos Emanuel e Sócrates viviam uma vida sem luxo, mas boa, até que um dia antes do aniversário deles, Sócrates pegou sua bicicleta e foi até a casa de um amigo. No meio do caminho colidiu com um pedestre, que não viu a bicicleta e atravessou a rua na frente do meu filho. Assustado, ele caiu no asfalto, e o ônibus que vinha na pista não conseguiu frear a tempo.

No dia seguinte, Emanuel disse que não ia ao enterro do irmão. Era um dia bonito, com bastante sol, uma brisa gostosa percorrendo nossos rostos. Ele parecia intuir que se aquilo não fazia o menor sentido para nenhum de nós, muito menos para ele. Voltamos do cemitério calados, eu e meu marido. À noite, Emanuel saiu do seu quarto e disse que ia dar uma volta. Pensando em uma nova tragédia, eu comecei a chorar e fiz menção de impedi-lo que saísse de casa, mas Haroldo me segurou pelo braço e disse, Ele é um homem de vinte e dois anos que acabou de perder o irmão. Ele precisa desse tempo. Eu chorei a noite inteira, até que ele chegou com o amanhecer do dia, abriu o cadeado da porta da frente, lavou as mãos e comeu na mesa da cozinha, em silêncio. Eu não disse nada.

Ficamos todos fazendo as coisas mais ou menos como se vivêssemos em uma realidade nebulosa, até que algumas semanas depois da morte do Sócrates, Emanuel começou a falar sozinho na hora do jantar. No começo eu achei que ele estivesse falando com um de nós, mas que nada. Ele falava e depois se calava. Com o passar dos dias, eu vi meu filho criando confusão com a geladeira, com o guardanapo, com o espelho. Eu e Haroldo sentamos com ele e fizemos ele despejar tudo. Perguntei se as saídas noturnas dele vinham incluindo drogas. Ele olhou para mim com um olhar fulminante, Eu nem bebo, mãe. Eu não topo bebida, não topo drogas, eu só perambulo pela rua de madrugada.

Muitas vezes eu ouvia do meu quarto a porta da frente bater, sempre depois de meia-noite, e ia para a varanda, de onde eu via Emanuel caminhando com uma jaqueta e um capuz a lhe cobrir a cabeça, as mãos dentro dos bolsos e as luzes amarelas dos postes iluminando toscamente o que havia de móvel e imóvel por aquele lugar. A chuva fininha, como se fossem faíscas quase imperceptíveis, a cair em diagonal sobre tudo, sem força suficiente para lavar quase nada.

Emanuel voltava para casa sempre um pouco antes de amanhecer, como se a luz do sol lhe ofuscasse a vida. E continuava a criar confusão com coisas dentro de casa. Levamos ele ao médico. O diagnóstico foi claro: Emanuel era esquizofrênico. Se tomasse o medicamento, entretanto, não ofereceria riscos para si nem para ninguém. No começo ele tomava tudo direitinho, mas nunca deixou de sair de madrugada. Nos preocupávamos com essas andanças, mas não coibíamos porque no nosso entendimento tácito, aquilo funcionava como algum mecanismo de compensação pela morte do irmão. Os problemas continuavam. Quando ele passava muito tempo sem se medicar, tornava-se agressivo. Eu dizia a ele que, se continuasse daquela maneira, iríamos acabar perdendo ele também. Ouvi como resposta um, Eu já nasci morto.

Há quatro anos, ele saiu de casa e não voltou mais. Eu achei que ele também tivesse morrido, mas eu e Haroldo fomos a todos os hospitais, ao IML, colocamos pedidos de informações nas redes sociais, mas nada. Era como se ele nunca tivesse existido, e por um tempo, dentro das minhas

paranoias, dopada de remédios, cheguei mesmo a acreditar que eu só havia tido um filho e que ele já estava morto.
De vez em quando me ligam para ir reconhecer um corpo. A essa altura não sei se fico alegre ou triste por nunca ser ele. Porque o inferno, este continua.
Numa noite qualquer, acordei com a sensação que estava caindo da cama, o coração acelerado, batendo tão depressa que eu tinha certeza que ele ia parar de uma vez. Passei a mão pelo lado da cama onde deveria estar meu marido, mas ele não estava lá. Levantei procurando por ele e vi, pelas frestas da janela, que ele estava na garagem, dentro do carro que havia comprado para dar de presente ao Emanuel, uma semana ou duas antes dele sumir de vez. Haroldo chorava em silêncio, mas era um choro tão convoluto e tão sofrido, que eu compreendi, naquele instante, que se fosse eu, eu só ia querer ficar sozinha. Retornei para a cama e tentei dormir. Afinal, acabei adormecendo.
Desde esse dia, acordo todas as noites para ir ao banheiro, e em quase todas elas vejo meu marido abraçado ao volante, chorando um choro solitário e não compartilhado. Eu estava certa. Ele nunca falou pra mim desse hábito, e é melhor que seja assim. Depois de urinar, volto do banheiro para a cama sem dar a descarga, para não despertá-lo da sua dor. Ao amanhecer, me levanto enquanto ele dorme, todos os dias, antes por hábito que por vontade, e faço o que deveria ter feito. Respeitamos os nossos gestos solitários para não macularmos o silêncio que nos habita.
Haroldo nunca quis vender o carro. Havia trazido da garagem onde ele vinha sendo mantido, na casa de um amigo, para que Emanuel o recebesse como uma surpresa quando ainda tínhamos Emanuel para surpreender, e colocado dentro da nossa, onde cabia de forma apertada junto

com o que temos, um veículo de quase dez anos. Um dia eu perguntei se não era bom se desfazer daquele carro, e ele apenas me olhou com um olhar triste e disse que ainda ia dar aquele carro ao seu filho. Ele não disse que o filho era nosso, disse que era *dele*. O filho tinha dono, o carro também. Estava dado o recado: esperança.

Este livro foi composto enquanto
Charles Bradley cantava *Why is it so hard*,
em tipologia Meridien, em agosto de 2016,
no papel pólen Soft, para a Editora Moinhos.
Os ajustes para 1º reimpressão foram feitos
na madrugada, dias após a terrível onda de lama
em Brumadinho, em Minas Gerais. Era 2019.
barragens mineiras não sustinham a lama.